Königs Erläuterungen und Materialien
Band 32

Erläuterungen zu

William Shakespeare

Der Kaufmann von Venedig
(The Merchant of Venice)

von Wolfhard Keiser

Bange Verlag

Über den Autor der Erläuterung:

Wolfhard Keiser: Studium der Anglistik und Romanistik. Veröffentlichungen: *Die Zeitgenossen Richardsons und Fieldings,* 1974. *The American Dream,* 1982. *Stories of Youth and Discovery,* 1984. *Jean de la Fontaine: Fables,* 1985. *Simone de Beauvoir: Le Deuxième Sexe,* 1997. *Jean Giraudoux: La guerre de Troie n'aura pas lieu,* 1998. *Jean Anouilh: Antigone,* 1999. *Eugène Ionesco: Rhinocéros,* 2000. *Albert Camus: L'Étranger,* 2001. *Jean-Paul Sartre: Les Mouches,* 2003.

2. Auflage 2006
ISBN 10: 3-8044-1809-0
ISBN 13: 978-3-8044-1809-7

Titelabbildung: William Shakespeare
Druck und Weiterverarbeitung: Tiskárna Akcent, Vimperk

Vorwort

Das **Shakespeare'sche Drama konzentriert sich auf zwischenmenschliche Beziehungen**, auf die ganze Spannbreite menschlichen Lebens, es zeigt Liebe, Freundschaft und Hass, hemmungslose Gier, Machtbewusstsein, Opferbereitschaft. Shakespeares Menschenbild ist in höchstem Maße objektiv, keines seiner Dramen beeinflusst uns in eine bestimmte Richtung hin.
Der vorliegende Interpretationsband legt gerade auf letzteren Aspekt besonderen Wert, denn kaum ein anderes Shakespearedrama ist, besonders im Deutschland der Nachkriegszeit, so kontrovers diskutiert worden wie *Der Kaufmann von Venedig*. Die in dem Stück unzweifelhaft **erkennbare antisemitische Gewalt** führt zu der Frage, ob die Behandlung im Unterricht und in Theateraufführungen eventuell vorhandenem Fremdenhass Vorschub leisten kann.
Einen relativ breiten Raum nehmen die **Ausführungen zum zeitgeschichtlichen Hintergrund** ein, denn nur durch entsprechende Kenntnisse sind ein wirkliches Verständnis und eine angemessene Würdigung des Shakespeare'schen Werkes möglich. Die **Übersichten/Schaubilder** in den Kapiteln 1.2, 1.3, 2.3 ermöglichen einen schnelleren Zugriff auf bestimmte Sachverhalte.
Der Überblick über die **Rezeptionsgeschichte** sowie die **Materialien** geben einen guten Einblick in unterschiedliche Interpretationsansätze und dienen als Illustration der Shakespeare'schen Lebensumstände und der Theaterwelt seiner Zeit.
Textgrundlage dieser Erläuterung ist die Übersetzung von A. W. Schlegel (RUB 35), daneben die zweisprachige Ausgabe in der Übersetzung von Barbara Puschmann-Nalenz (RUB 9800).

1. William Shakespeare: Leben und Werk

1.1 Biografie

Jahr	Ort	Ereignis	Alter
	Stratford-upon-Avon	Im 12. Jahrhundert gegründet. Zur Zeit Shakespeares etwa 1500 Einwohner.	
1552	Stratford-upon-Avon	Erste Erwähnung des Vaters. Dieser war ein vermögender Gerber und Handschuhmacher, verheiratet mit Mary Arden, der Tochter eines wohlhabenden Landbesitzers.	
1564	Stratford-upon-Avon	**William Shakespeare** geboren, wahrscheinlich am 23. April.	
1568	Stratford-upon-Avon	Wahl des Vaters zum Bürgermeister; einige Jahre später gerät die Familie in wirtschaftliche Schwierigkeiten.	4
nach 1572	Stratford-upon-Avon	William besucht die örtliche Grammar School, wo er, wie Ben Jonson anlässlich der ersten Shakespeareausgabe 1623 schrieb, „small Latin and less Greek" lernt.	8
1582	Stratford-upon-Avon	Am 27. November heiratet Shakespeare mit Genehmigung des Bischofs von Worcester die acht Jahre ältere Anne Hathaway, Tochter eines Grundbesitzers aus dem benachbarten Shottery.	18

Jahr	Ort	Ereignis	Alter
1583	Stratford-upon-Avon	Geburt der Tochter Susannah.	19
1585	Stratford-upon-Avon	Geburt der Zwillinge Hamnet und Judith. Zwischen 1585 und 1592 finden wir keine Erwähnung William Shakespeares oder seiner Familie.	21
1592	London	Erste Erwähnung Shakespeares als Dramatiker; der zeitgenössische Schriftsteller Robert Greene (1560–1592) spricht in seiner auf dem Totenbett entstandenen Schrift: *A Groatsworth of Wit bought with a Million of Repentance*[1] von einer „emporgekommenen Krähe", einem gewissen „Shake-scene" [Anspielung auf Shakespeare], vor dem sich die anderen Dramatiker hüten müssten. Dass es sich hierbei tatsächlich um Shakespeare handelt, ergibt sich aus Greenes Parodie einer Stelle im 3. Teil von Shakespeares *Heinrich VI.*, erschienen 1590–92: „O Tigerherz, in Weiberhaut gesteckt"[2] heißt es dort; Greene spricht von „… eines Tigers Herz, in eines Schaupielers Haut gehüllt".	28
1592–93	London	Schließung der Theater wegen der Pest; das war der äußere Grund dafür, dass Shakespeare seine Tätigkeit	28

1 Ein Gran Witz, erkauft mit millionenfacher Reue (Übersetzung v. Verfasser)
2 *König Heinrich VI*, Dritter Teil I, 4, Z. 137.

Jahr	Ort	Ereignis	Alter
		als Dramatiker unterbricht und sich der Versdichtung zuwendet.	
1593		*Venus and Adonis* (gewidmet dem Earl of Southhampton, Henry Wriothesley).	29
1594		*The Rape of Lucrece.*	30
1593–98		Wahrscheinliche Entstehungszeit der *Sonette.*	29–35
1595	London	Shakespeare erwirbt am 14. März eine 100 Pfund-Aktie der 1594 gegründeten „Lord Chamberlain's Men", mit denen er bereits im Jahr zuvor zwei Stücke am Hofe aufgeführt hatte.	31
1596	Stratford-upon-Avon	Tod seines Sohnes Hamnet.	32
1596	London/ Stratford-upon-Avon	Die Shakespeares erhalten durch das „Königliche Wappenamt" das Recht auf die Führung eines Familienwappens, das auch auf Shakespeares Grabstein in der Holy Trinity Church in Stratford eingemeißelt ist.	32
1597	Stratford-upon-Avon	Shakespeare erwirbt das Herrenhaus „New Place".	33
1598–99	London	Shakespeare wird Teilhaber am neu errichteten „Globe Theatre" – ihm stehen 10% der Gewinne zu.	34
1598	London	Francis Meres lobt in seinem Werk *Palladis Tamia* die schriftstellerischen Qualitäten Shakespeares; er stellt ihn auf eine Stufe mit Plautus und Seneca.	

Jahr	Ort	Ereignis	Alter
1601	Stratford-upon-Avon	Tod des Vaters.	37
1608	Stratford-upon-Avon	Tod der Mutter.	44
1608	London	Shakespeare wird Teilhaber am „Blackfriars Theatre".	44
nach 1612	Stratford-upon-Avon	Shakespeare hält sich nunmehr häufiger in seinem Heimatort als in London auf.	48
1616	Stratford-upon-Avon	Am 25. März schreibt Shakespeare sein Testament; in einer Präambel betont er, dass er Gott wohlgefällig zu sterben hoffe. Unter seinen beiden Töchter Judith und Susannah teilt er seinen umfangreichen Immobilienbesitz auf. Seine Frau erhält keine Häuser, sie hat jedoch einen gesetzlichen Anspruch auf ein Drittel der Tantiemen.	52
1616	Stratford-upon-Avon	Am 23. April **Tod William Shakespeares**. Die Beisetzung erfolgt am 25. April in der Holy Trinity Church.	52
1740		Errichtung eines Gedenksteins zu Ehren Shakespeares im „Poets' Corner" in Westminster Abbey.	

1.2 Zeitgeschichtlicher Hintergrund

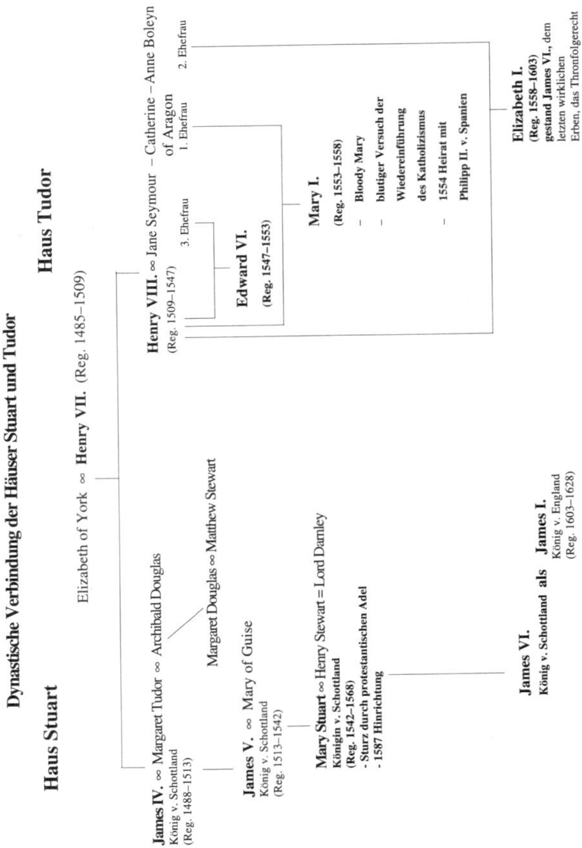

Die englische Literatur des 16. und frühen 17. Jahrhunderts ist die **Hauptepoche der englischen Dichtung.** Es ist die Zeit des Humanismus, der Renaissance und der Reformation.

Humanismus, Renaissance und Reformation

Die **Renaissance** war nicht eine bloße Wiedergeburt der Antike, sondern es zeigte sich das Bestreben, ein **der Antike ebenbürtiges Kulturniveau** zu erlangen. Das Ursprungsland dieser neuen Bewegung war Italien, wohin nach der **Eroberung Konstantinopels 1453** zahlreiche griechische Gelehrte flohen; sie bewirkten in ihrer neuen Heimat eine Wiederbelebung der antiken Philosophie, Literatur, Kunst und Medizin. Weit wichtiger als das bloße Sammeln von Schriften, als Nachahmung antiker Vorbilder war das neue Weltbild und **das neue Bild vom Menschen**, das bewusst dem der Scholastik, für die der Mensch Teil der gottgewollten Ordnung war, entgegengestellt wurde. Es setzte eine neue Wertung des Menschen ein, eine **höhere Bewertung des Individuums** und seine Befreiung aus hergebrachten religiösen Bindungen. Dieser neue Typ des Menschen, **der „Humanista"**, ist nicht nur Gelehrter, er ist vorbildlich, vollkommen, kennt keine dogmatische Starre, zeigt Verbindlichkeit, Freundlichkeit, Anmut, Selbstbewusstsein. Diese hohe Wertschätzung des freien Individuums führte zur **Loslösung von der Vorstellung vom gottgebundenen Menschen**. Die Wertschätzung des Individuums, die Entwicklung **von einem „theozentrischen" zu einem „anthropozentrischen"[3] Weltbild** wurde unterstützt durch die bahnbrechenden Erfindungen und Entdeckungen der Zeit: die **Erfindung des Kompasses**, die **Zerstörung des mittelalterlichen Weltbildes**, nach dem die Erde der unbewegliche Mittelpunkt des Universums sei, **durch Nikolaus Kopernikus**, die **Erfindung des Buchdrucks**.

Unter dem Eindruck der Entwicklung in Italien breiteten sich Humanismus und Renaissance auch in England aus. Die herausragenden Gestalten waren **Thomas Morus, Kanzler Heinrichs VIII., und Francis Bacon**. Neben den italienischen Universitä-

3 Baumann, Uwe: *Shakespeare und seine Zeit*, S. 7.

ten wurde **Oxford** die bedeutendste humanistische Universität Europas. Der Humanismus trug entscheidend zur **Entwicklung des Gentleman-Ideals** bei.
1531 schrieb **Sir Thomas Elyot** sein Werk *The Book called the Governor*. Unter „Governor" verstand Elyot den Inhaber von staatlichen Ämtern. Derjenige, der in allen Situationen kontrolliert und vernunftgemäß handelt, sei **der beste „Governor", der wahre Gentleman**. Nötig sei eine allseitige Ausbildung – es zeigt sich das Idealbild des „Uomo universale", der sich daneben durch „temperantia" – Mäßigung, „self-control" – Selbstbeherrschung, Güte und Menschlichkeit auszeichne.

„Uomo universale"

Voraussetzung dafür, dass das 16. Jahrhundert eine ungeahnte literarische Blütezeit erlebte, war die langsam erreichte innen- und außenpolitische Stabilität. Bereits mit dem Regierungsantritt des ersten Tudorkönigs **Heinrich VII. (1485–1509)** griff in England ein **neues Gefühl der Staatlichkeit** um sich.[4] Dem Adel wurde die Aufstellung eigener Truppen untersagt, er wurde zum bloßen Hofadel – **London** wurde zum **Mittelpunkt des Landes**.
Sein Nachfolger **Heinrich VIII. (1509–1547)** erweckte Begeisterung; er war allseits gebildet und hielt Verbindung zum Oxforder Humanistenkreis. Zunächst bestand ein gutes Verhältnis zum Papst. Der **Bruch mit Rom** erfolgte, als der Papst seine Scheidung von Katharina von Aragonien, Mutter der späteren Königin Maria, ablehnte – Heinrich wollte seine Geliebte Anna Boleyn, Mutter von Elisabeth I., heiraten. **1531 trennte sich England von der katholischen Kirche, 1534** erließ Heinrich VIII. die **Suprematsakte**, die besagte, dass jeder Inhaber eines Staatsamtes den König als kirchliches Oberhaupt anerkennen musste. Unter seinem **Sohn Edward (1547–1553)** erfolgte eine durchgreifende Protestantisierung. Als **1553** die streng katholische Maria, genannt „**Bloody Mary**", die Thronfolge antrat, lebte England in

4 Die vorangegangenen Jahrzehnte waren durch den Hundertjährigen Krieg gegen Frankreich (1338–1453) und durch einen blutigen Bürgerkrieg, dem War of the Roses – Rosenkrieg (1455–1471), zwischen den Häusern Lancaster und York, gekennzeichnet.

der Furcht eines neuen Bürgerkrieges. Sie heiratete Philipp II. von Spanien und verfolgte eine **Rekatholisierung Englands**.

So nimmt es nicht wunder, dass nach dem Tode der kinderlos gebliebenen Maria der **Regierungsantritt** der 25-jährigen **Elisabeth am 17. November 1558** mit Erleichterung begrüßt wurde. Für sie war **Religion Gewissenssache, nicht Staatsangelegenheit**. Elisabeth erfasste Stimmungen und Strömungen, hatte daneben ein Gefühl für das Volkstümliche, so dass sie trotz der schwierigen Ausgangssituation die Mitarbeit des Volkes gewann. **Das Verhältnis zu Spanien und zu Rom verschlechterte sich** aus zwei Gründen: Seit 1561 war Maria Stuart, Katholikin, Königin von Schottland. Gegen sie rebellierte der schottische Adel und zwang sie 1568 zur Flucht nach England, wo sie sich unter den Schutz Elisabeths stellte. Maria Stuart konnte Ansprüche auf den englischen Thron geltend machen; ihre Anwesenheit bewog den katholischen Adel Nordenglands zu einem Aufstand gegen Elisabeth, der blutig niedergeschlagen wurde, woraus die Gegnerschaft des Papstes zu Elisabeth erwuchs. Ein militärischer Konflikt mit Spanien war unvermeidlich, da sowohl England als auch Spanien Handelsinteressen in Übersee hatten. Außerdem hatte die **Enthauptung Maria Stuarts 1587** die katholischen Mächte Frankreich und Spanien gegen England zusammengeschlossen. **1588** kam es im Kanal zu der **Schlacht gegen die Spanische Armada**, die mit einer Niederlage der Spanier endete.

Maria Stuart

Englands politischer Einfluss war gewachsen, die Bedrohung von außen war abgewendet. Elisabeth wurde vom Volk und den Dichtern verehrt. Diese glänzende Oberfläche darf nicht darüber hinwegtäuschen, dass **in der Bevölkerung ein latentes Gefühl der Bedrohung** nie verschwinden wollte. Das Werk des **Kopernikus** mit der **Zerstörung des geozentrischen** und der Begründung des heliozentrischen Weltbildes trug dazu ebenso bei wie die große **Pest von 1592/1593**, die die Angst vor der Zerstö-

Begründung des heliozentrischen Weltbildes

rung der bestehenden Ordnung nährte und die Furcht vor chaotischen Zuständen wachsen ließ. Weiterhin trugen bedrohliche innenpolitische Entwicklungen gerade in den neunziger Jahren zu diesem Gefühl der Verunsicherung bei: der 1599 gescheiterte Aufstand des Earl of Essex gegen die Zentralgewalt, Missernten und Hungersnöte.

Am bedrohlichsten für die bestehende Ordnung erwies sich der immer stärker und rigoroser werdende **Puritanismus** – die genaue Beachtung der Vorschriften der Bibel, *the pure word of God,* sowie die Ablehnung jeder Sinnenfreude waren eine Gegenströmung gegen die von Elisabeth jedem zugebilligte Gewissensfreiheit. Für die Puritaner waren die am Ende des 16. Jahrhundert

Public Theatres

entstehenden Public Theatres ein wahres Sündenbabel. Da der Magistrat unter puritanischem Einfluss stand, lagen sie am südlichen Themseufer, der Bank Side, und in dem östlich gelegenen Shoreditch. Um die Theater herum entstanden Vergnügungsviertel, Buden, Arenen für die Bärenhatz – die Elisabethaner waren nicht feinnervig, sie genossen das Leben. Schauspieler und Dichter waren auch bei Hofe anerkannt, wohin sie des Öfteren von der Königin eingeladen wurden.

Die Theater ähnelten sich in Bezug auf ihre Außenansicht und innere Gestaltung (s. Materialien). Zwei Besonderheiten beeinflussten die Dramaturgie: Zum einen die in den Zuschauerraum vorspringende **„apron-stage"**, die „Handtuchbühne", denn nur durch diese Bühnenform sind die bei Shakespeare häufigen **„asides"**, das „Beiseitesprechen", überhaupt sinnvoll – die Mitspieler hören nicht, was gesagt wird, die Zuschauer haben einen Informationsvorsprung. Wichtig ist daneben, dass es sich bei den Theatern um eine **Freilichtbühne** handelte, auf der nur bei Tageslicht, praktisch ohne Kulissen, gespielt wurde – die Lokalisierung der Szene oder die jeweilige Tageszeit mussten durch die **„word-scenery"**, die Wortkulisse, erschaffen werden.

Das bunt zusammengewürfelte Publikum wirkte sich auf Spielplan und Szenenabfolge aus. Jedem sollte etwas geboten werden,

den Gebildeten z. B. große Reden mit historischen Bezügen, den einfachen Zuschauern, den „**Groundlings**", Raufereien, Wirtshausszenen, Clownszenen. In diesem Milieu lebte und arbeitete **Shakespeare**, als Dramatiker und Geschäftsmann außergewöhnlich erfolgreich, aber eben ein „**playwright**", ein „Stückeschreiber" unter vielen, noch nicht gesehen als der alle überragende Dichter. Allerdings sieht man seine Einzigartigkeit nicht darin, dass alles von ihm Gebrachte auch von ihm erfunden wurde – die Quellen seiner Dramen sind unterschiedlichster Art.

Einflüsse auf Shakespeares Werk

A. ANTIKE		B. MITTELALTERLICHE DRAMENFORMEN	
Tragödie	**Komödie**	**Mysterienspiele** (basieren auf Bibelszenen)	**Moralitäten**
Seneca (4. n. Chr.–64 n. Chr.)	Plautus (254–184 v. Chr.)	*Chester Plays* *York Cycle* *Townely Cycle*	*Mankind* *Everyman*
↓	↓	↓	↓
revenge play (Rachetragödie) z. B. *Titus Andronicus* **Geisterszene** z. B. *Hamlet*: I, 1	**Verwechslungskomödie** *Comedy of Errors*	**Mischung von komischen u. ernsten Szenen** z. B. *Hamlet*: V, 1: Totengräberszene *Macbeth*: II, 2: Pförtnerszene	**Der Mensch im Kampf zwischen Gut und Böse – der Shakespeare'sche Clown beeinflusst durch die Gestalt des „Vice" in den Moralitäten**

C. GESCHICHTSSCHREIBUNG UND DEUTUNG	D. ZEITGENÖSSISCHE DICHTER
a) Edward Hall: *The Union of the Noble and Illustre Families of Lancaster and York* (1542) b) Raphael Holinshed: *Chronicles of England, Scotland and Ireland* (1577) c) John Lydgate: *Falls of Princes* (1430) **der Mensch im Kampf gegen das blinde Walten der Göttin Fortuna** z. B. in *Henry VI, Titus Andronicus*	1. Die Komödie des 16. Jahrhunderts John Lyly (1554–1609): *Endimion, the Man in the Moon* (1588) – Thema der Freundschaft 2. Die Tragödie des 16. Jahrhunderts a) Sackville/Norton: *Gorboduc* (1562) – Benutzung des „blank verse" b) Thomas Kyd (1558–1594): *The Spanish Tragedy* (1588) – Rachetragödie c) Christopher Marlowe (1564–1593): *Tamburlaine The Great* (1587/8) – heroisches Drama *Dr. Faustus* (1590) – Erkenntnisstreben des Renaissancemenschen *The Jew of Malta* (1592) (s. 2.1)

1.3 Angaben und Erläuterungen zu wesentlichen Werken

Wie üblich und zum ersten Mal in der Folioausgabe von 1623 von Heminges und Condell praktiziert, teilen wir das Gesamtwerk Shakespeares in vier Werkgruppen ein, wobei in den ersten drei Gruppen entstehungsgeschichtlich geordnet wird. Man muss sich allerdings darüber im Klaren sein, dass die genaue Datierung der Shakespeare'schen Stücke außergewöhnlich schwierig ist.

1. Historien

Titel	Entstehungszeitraum
King Henry VI	1592
King Richard III	1592/93
King John	1595
King Richard II	1595/96
King Henry IV	1596/97
King Henry V	1599
King Henry VIII	1613

2. Komödien und Romanzen

Titel	Entstehungszeitraum	
The Comedy of Errors	1592/93	frühe Komödien
The Two Gentlemen of Verona	1593/94	
The Taming of the Shrew	1593/94	
Love's Labour's Lost	1594/95	

A Midsummer Night's Dream	1595/96	mittlere Komödien
The Merchant of Venice	**1595/96**	
The Merry Wives of Windsor	1597	
Much Ado About Nothing	1599	
As you Like It	1599	
Twelfth Night, Or What you will	1600/01	
Troilus and Cressida	1602	„Dark Comedies"
All's Well That Ends Well	1602/03	
Measure for Measure	1604	
Pericles, Prince of Tyre – unsichere Verfasserschaft	1608	Romanzen
Cymbeline	1609/10	
The Winter's Tale	1611	
The Tempest	1611	
The Two Noble Kinsmen – unsichere Verfasserschaft	1612	

3. Tragödien

Titel	Entstehungszeitraum
Titus Andronicus	1593/94
Romeo and Juliet	1595
Julius Caesar	1599
Hamlet	1599/1601
Othello	1604
King Lear	1605
Macbeth	1605/06
Coriolanus	1606/08
Antony and Cleopatra	1606/08
Timon of Athens	1606/08

4. Nichtdramatische Werke

Venus and Adonis	1592/94
Lucrece	1592/94
Sonnets	1592/98
The Phoenix and the Turtle	1601

Wenn man das Shakespeare'sche Drama in Historien, Tragödien und Komödien unterteilt, so lassen sich für die beiden ersten Gruppen einige allgemein gültige Wesenszüge aufzeigen, die eine Art verbindendes Element zwischen den einzelnen Werken darstellen.
Bei den **Historien** wäre als Hauptpunkt der Aufstieg und Fall großer Herrschergestalten zu nennen, wobei im Mittelpunkt die Geschichtsauffassung der Tudors, der **„Tudormythos"**, steht. Das dem Regierungsantritt Heinrichs VII., des ersten Tudor, vorangehende Jahrhundert war eine Zeit der Unruhe, eines ständig neu entfachten Kampfes um die Krone – Shakespeares Historien stellen eine Warnung vor dem Verlust der Ordnung dar und mahnen zum Frieden.
In den **Tragödien** steht nicht der Staat, sondern **das Individuum im Mittelpunkt**, schwankend zwischen Leidenschaft und Vernunft, zwischen Liebe und Hass, bewegt von der Frage nach dem Sinn der menschlichen Existenz.
Demgegenüber ist es unmöglich, eine zusammenfassende, allgemein gültige Charakteristik der Shakespeare'schen **Komödien** zu geben; sie sind zu vielschichtig, als dass man sie gewissermaßen auf einen Nenner bringen könnte. Sie zeigen zum einen eine unbändige Freude am Spiel – Verkleidungen, Verwechslungen, purer Mummenschanz nehmen in ihnen einen breiten Raum ein –, sie zeigen aber auch Nachdenklichkeit, Trauer, ja sogar tragische Züge.

Freude am Spiel, aber auch Nachdenklichkeit

Heiterkeit und **Ernst** kennzeichnen den ausgeglichenen Menschen. Aufschlussreich ist in diesem Zusammenhang auch die Inschrift am Globe Theatre: „Totus mundus agit histrionem" – die ganze Welt ist ein Schauspiel. **Menschliche Größe, Macht, Reichtum** sind **bloßer Schein** angesichts der Endlichkeit menschlicher Existenz. In der **Tragödie** sehen wir **das Scheitern des tragischen Helden**, dessen Tod uns unsere eigene Scheinhaftigkeit vor Augen führt. In der **Komödie** finden wir die **spielerische, nachdenkliche, heitere Auseinandersetzung** mit ebendiesen Gegebenheiten unseres Daseins.

Shakespeares früheste Komödien, *Die Komödie der Irrungen* (1592/93) und *Die beiden Veroneser* (1593/94) kennen noch nicht wirklich diese Ernsthaftigkeit. Die *Komödie der Irrungen* ist eine Verwechslungskomödie um Zwillingsbrüder, denen zwei Zwillinge als Sklaven beigegeben sind. Shakespeare verwandelt die reine Geschehniskomik in ein heiteres Lebensbild, d. h. er bringt das Menschliche zur Geltung und fragt sich, was die Menschen in den zahlreichen grotesken Situationen, die auf dauernden Verwechslungen basieren, empfinden. Schon in der ersten Komödie findet man bei Shakespeare echte Gefühle, eine gewisse Schwermut, die über die bloße Unterhaltung hinausgeht.

In den auf die *Komödie der Irrungen* folgenden Stücken *Die beiden Veroneser, Der Widerspenstigen Zähmung, Verlorene Liebesmüh* wird schon sichtbar, was alle Komödien Shakespeares während dieser Zeit bestimmen wird: **Wichtigstes Thema wird die Liebe**, die als zentrales Ereignis erscheint, was eine weitere Vergeistigung bedeutet.

Ein zweites Kennzeichen dieser Komödien ist **der Gedanke der menschlichen Entwicklung**; Die Stücke zeigen, wie sich ein Mensch im Zusammenhang mit der Liebe verändert, wie er sich bewährt oder nicht bewährt – die Menschen sind am Ende nicht mehr dieselben wie zu Beginn. Während in der ***Komödie der Irrungen*** der **Mensch Spielball einer blind waltenden Fortuna** ist, erscheint er nun nicht länger als von außen bestimmt, sondern als **Gestalter seines eigenen Schicksals**, wobei das spielerische Element in den Vordergrund tritt. Spiel bedeutet hier das heitere Umgehen von innerlich freien Menschen miteinander; ihr Ziel ist es, ihre Mitmenschen zu unverkrampften Frauen und Männern zu erziehen, zu Personen, die dem Ideal der „**Gentlewoman**" oder des „**Gentleman**" entsprechen.

Idealbild des „Uomo universale"

Das Idealbild des innerlich freien Menschen, des „Uomo universale" des Humanismus, dessen Überlegenheit und Ausgeglichenheit sich in seiner Fähigkeit zeigt, mit seinen Mitmenschen zu spielen, verständnisvoll und auf die Bewahrung eines harmonischen Ganzen ausgerichtet, tritt uns zum ersten Mal am ausgeprägtesten in dem Stück *Verlorene Liebesmüh* (1594/95) entgegen. Ferdinand, König von Navarra, begründet eine philosophische Akademie, aus der, um die „vita contemplativa" nicht zu stören, die Frauen ferngehalten werden. Als jedoch die französische Königstochter mit ihrem weiblichen Gefolge den Hof von Navarra besucht, gehen alle guten Vorsätze über Bord. Die großen Philosophen verlieben sich in die französischen Damen, machen ihnen wortreich den Hof, während die Frauen sie an der Nase herumführen, sich verkleiden, sodass die Männer ihre Liebesschwüre an die falsche Dame richten. Sie, die sich in widernatürlicher Verbohrtheit gegen wahres, harmonisches Menschsein wandten, werden durch den Witz und den Einfallsreichtum der Frauen zu der Einsicht gebracht, dass die ausschließliche Betonung des Intellekts sie zu Narren gemacht hat.

Wir haben bei der Betrachtung der bisherigen Komödien die Entwicklung von der reinen Situationskomödie hin zur Charakterkomödie herausgearbeitet, bei der die Komik daraus resultiert, dass Mängel eines bestimmten Charakters oder einer Gruppe, wie hier der Herren am Hofe von Navarra, durch Witz ins Lächerliche gezogen werden, wobei zu beachten ist, dass dieser **Witz** nicht nur Amüsement zum Ziele hat, sondern **als pädagogisches Tun** aufzufassen ist, nicht schwerfällig belehrend, sondern spielerisch.

Aus der Gruppe der sog. „mittleren Phase" sei *Ein Sommernachtstraum* (1595/96) herausgegriffen, da Shakespeare hier ein Strukturprinzip verwendet, das wir auch im *Kaufmann von Venedig* wiederfinden, nämlich die nahtlose Verknüpfung mehrerer Handlungen. In das Geschehen greifen die Elfen um Oberon, Titania und Puck, ein. Es handelt sich um recht menschliche Elementarwesen, gewissermaßen ein Abbild der Menschenwelt, die mit Zauberkräften ausgestattet sind. Puck, Oberons Diener, stiftet in der Nacht mit Hilfe eines Zaubersaftes ein heilloses Durcheinander. Gerade diese Szenen im Athener Wald verleihen der Komödie ihre **nachdenklich stimmenden Züge**: Liebende werden an sich selbst und ihrem Geliebten irre, erscheinen als unzuverlässig, wankelmütig, Mächten ausgeliefert, die ihre Persönlichkeit verändern. **Der Mensch ist nicht nur vernunftbegabt**, klarsichtig – **dunkle Kräfte beeinflussen sein Schicksal.**

Diese Nachdenklichkeit in Bezug auf Shakespeares Weltbild lässt sich auch im *Kaufmann von Venedig* feststellen, den man als einen Wendepunkt in Shakespeares Komödien sehen kann und der überleitet zu den „dunklen Komödien", den „**Dark Comedies**": *Troilus und Cressida*, *Ende gut, alles gut*, *Maß für Maß*. Sie sind gedanklich durch ihre zeitliche Nähe zu den Tragödien beeinflusst: In den „Dark Comedies" werden menschliche Grundfragen zur Diskussion gestellt – die Frage, was der Mensch überhaupt ist und wie anfällig gegenüber dem Bösen, **die Frage, wie weit menschliche Autonomie reicht**. In diesen Stücken sind die Gestalten stärker individualisiert, das Seelische erfährt eine stärkere Betonung als in den vorangehenden Komödien. Sie zeigen eine kritische Haltung dem Menschen und dem Staat gegenüber, es findet eine Verlagerung der Handlung aus einer höfischen, spielerischen Welt auf eine universale, den Menschen schlechthin betreffende Ebene statt.

Kaufmann von Venedig als Wendepunkt in Shakespeares Komödien

Shakespeares letzte Komödie *Der Sturm* gehört zur Gruppe der Romanzen. Hierbei handelt es sich um märchenhafte Stücke, die nach Ort und Zeit nicht einzuordnen und deren Themen zeitlos sind. Die außermenschliche Welt greift in das Geschehen ein, in *Der Sturm* in Gestalt des Luftgeistes Ariel; es finden sich die bekannten Motive mittelalterlicher Romanzen: Schiffbrüche, Wiederkennungs- und Wiedervereinigungsszenen, Liebesabenteuer Zauberei.

Die Shakespeare'sche Komödie bis zum *Kaufmann von Venedig*

Komödie der Irrungen	*Die beiden Veroneser Verlorene Liebesmüh*	*Ein Sommer-Nachtstraum*	*Der Kaufmann von Venedig*
Geschehnis-komik	Vergeistigung: Liebe als zentrales Thema	Darstellung der Komplexität menschlichen Daseins	Heiteres Belmont in Konflikt mit der problembeladenen Welt Venedigs
Mensch als Spielball einer blindwaltenden Fortuna	Mensch als Gestalter seines eigenen Schicksals	Infragestellung der Autonomie des Menschen	Frage nach den Wertmaßstäben in den zwischenmenschlichen Beziehungen
	Idealbild des „Uomo universale"	Bedrohung der heiteren Welt der Komödie durch dunkle Kräfte	Mensch erscheint als schwaches Wesen, bedarf der göttlichen Gnade

2. Textanalyse und -interpretation

2.1 Entstehung und Quellen

Entstehung 1595/96

Das Stück *Der Kaufmann von Venedig* entstand 1595/1596, denn Francis Meres erwähnt es 1596 in seiner *Palladis Tamia*. Im Juli 1598 wird das Stück zum ersten Mal im „Stationer's Register"[5] erwähnt. Als verlässlicher Text gilt die erste Quartoausgabe von 1600, für die sehr wahrscheinlich Shakespeares eigenes Manuskript vorgelegen hat, da wir Erklärungen zum Ablauf des Geschehens finden. 1619 erfolgte eine 2. Quartoausgabe, 1623 erschien das Drama in der 1. Folioausgabe, wobei die Folioeditoren Heminges und Condell die 1. Quarto abdruckten.

Als Quellen benutzte Shakespeare zum einen eine italienische Novelle von Ser Giovanni Fiorentino, verfasst 1378, abgedruckt in der 1558 erschienenen Novellensammlung *Il Pecorone*. Die erste Erzählung des 4. Tages diente Shakespeare teilweise als Quelle für den ***Kaufmann von Venedig***. Der Handlungsablauf ist ähnlich wie im Shakespeare'schen Stück, jedoch werden **ethische oder seelische Probleme nicht angesprochen**, ebenso fehlt eine differenzierte Charakterzeichnung der Personen. Shylocks bewegender Monolog sowie Porzias „Mercy"-Rede sind von Shakespeare eingefügt worden.

Das Motiv der **Kästchenwahl** hat Shakespeare **aus den *Gesta Romanorum*** übernommen. Der Vergleich mit der Quelle zeigt die Veränderungen, die Shakespeare u. a. in Bezug auf die drei Inschriften vorgenommen hat. Besonders wichtig ist der Unterschied bei dem bleiernen Kästchen: In den „Gesta Romanorum" lautet die Inschrift: „Wer mich wählt, findet, was Gott bestimmt hat", bei Shakespeare heißt es: „Wer mich erwählt, der gibt und wagt sein Alles dran". In der mittelalterlichen Quelle wählt die Prinzessin im Vertrauen auf Gott, zu dem sie vor ihrer Wahl betet,

5 Im „Stationer's Register" wird festgehalten, welche Texte ein Drucker zum Druck angemeldet hat.

Bassanio hingegen trifft seine Wahl im Vertrauen auf seine eigene Einsicht und Erkenntnisfähigkeit, ohne Bezug auf göttliche Vorsehung; er repräsentiert somit das Menschenbild des Humanismus und der Renaissance.

Anregung für die Gestalt des **Shylock** kommt aus **Marlowes** *The Jew of Malta*. Das Stück ordnet sich in einen historischen Zusammenhang ein, die Bedrohung Maltas durch die Türken im 16. Jahrhundert, denen gegenüber die Malteser tributpflichtig sind. Die Juden der Insel werden vom christlichen Gouverneur aufgefordert, die Hälfte ihres Vermögens abzugeben oder aber sich zum Christentum zu bekehren. Barabas, der Protagonist, weigert sich, verliert seinen gesamten Besitz – ewige Rache und Verderben schwört er allen Christen. Am Schluss verfängt er sich in seinem fein gesponnenen Netz aus Morden und Intrigen, jedoch ist sein Tod nicht der Sieg des Guten über das Böse. Marlowe führt uns eine durch und durch verkommene Welt vor, in der kein Platz für zwischenmenschliche Beziehungen ist. Barabas ist die dominierende Gestalt, das Stück ist eine Anhäufung unvorstellbarer Gräueltaten, für die die Enteignung des Juden durch Christen nicht als Rechtfertigung dienen kann.

Motiv der Missachtung eines Bürgers jüdischen Glaubens

Das Motiv der Missachtung eines Bürgers jüdischen Glaubens durch die Christen hat Shakespeare übernommen, sicherlich auch die häufigen *„Asides"* des Barabas, sein *„Beiseitesprechen"*, in dem er den Zuschauern seine wahren Motive erläutert. **Shakespeares Shylock** ist jedoch sehr viel differenzierter gesehen, er ist **ein komplexer Charakter**, der z. T. das Mitleid und Verständnis des Zuschauers erweckt. Seiner nüchternen, oft bedrohlichen Welt steht mit Belmont ein Lebensbereich des Spielerischen, Leichten gegenüber. **Marlowes Weltbild ist pessimistisch, Shakespeares Sicht der Welt ist durch christliche Grundwerte geprägt.**

Stephen Gosson, ein Zeitgenosse Shakespeares, lobte 1579 ein Drama, *The Jew*, das Shakespeare möglicherweise ebenfalls als Vorlage diente, desgleichen die Ballade *Gernutus, the Jew of Venice*, in

der sich ein venezianischer Kaufmann in der gleichen Lage wie Antonio befindet. Die glückliche Lösung wird im Prozess durch den Richter selbst herbeigeführt, seine Argumentation ist mit der Porzias identisch.
Jessicas Flucht könnte durch Masuccios Sammlung *Il Novellino* 1476 angeregt worden sein: In der vierzehnten Novelle flieht die Tochter eines Geizkragens und nimmt, wie Jessica, das Geld ihres Vaters mit.[6]

6 Zu Shakespeares Quellen vgl. Hazlitt, William: *Shakespeare's Library*, Part. 1, Vol. I, S. 323–380. London 1875.

2.2 Inhaltsangabe

I, 1: Antonios Schwermut – Bassanios Werbung

Ort der Handlung ist Venedig, wo sich Antonio, Salarino und Solanio, drei venezianische Kaufleute, treffen. Antonio ist von einer unerklärlichen Schwermut befallen, was umso mehr verwundert, als er in der Hierarchie der Kaufleute an oberster Stelle steht. Aus den Worten Salarinos und Solanios erfahren wir, dass der Überseehandel große Profite abwirft, aber auch mit Risiken verbunden ist. Nach kurzer Zeit verlassen die beiden die Szene. Lorenzo, Graziano und Bassanio erscheinen.
Graziano wird von Bassanio als Schwätzer charakterisiert, spricht jedoch mit dem Thema „Schein und Sein" einen im Verlauf des Stückes wichtigen Gesichtspunkt an. In der Unterhaltung zwischen Antonio und Bassanio erweitert sich der Rahmen der Handlung – Bassanio wirbt um eine schöne Dame in Belmont, seine angespannte finanzielle Lage stimmt ihn skeptisch hinsichtlich der Erfolgsaussichten. Antonio sagt ihm jede Unterstützung zu.

Thema „Schein und Sein"

I, 2: Die Kästchenwahl – Porzias Charakterisierung der bisherigen Bewerber

Der zweite Schauplatz des Dramas ist Belmont. Porzia, Herrin von Belmont und weibliche Hauptfigur des Stückes, unterhält sich mit Nerissa, ihrer Vertrauten. Wie Antonio erscheint auch Porzia sofort zu Beginn der Szene von Trauer erfüllt, allerdings ist ihre Gefühlslage in keiner Weise mit Antonios Weltschmerz vergleichbar. Grund für ihre Betrübnis ist das Testament ihres Vaters, der festgelegt hat, dass nur der als Porzias zukünftiger Ehemann in Frage kommt, der die Kästchenwahl erfolgreich besteht. Im Gespräch mit Nerissa mokiert sich Porzia über ihre bisherigen Bewerber, von

Porzia und die Kästchenwahl

denen niemand bei ihr eine Chance hat. Bei der Nennung Bassanios wird erkennbar, dass seine Erscheinung bei Porzia einen bleibenden Eindruck hinterlassen hat. Die Szene schließt mit der Ankündigung eines weiteren Bewerbers, des Prinzen von Marocco.

I, 3: Shylocks Auftreten – Der Vertrag zwischen Shylock und Antonio

Der Beginn der Szene zeigt Bassanio im Gespräch mit Shylock, dem Juden, an den er sich wegen der Kreditaufnahme, zu der ihn Antonio am Ende der 1. Szene ermuntert hatte, wendet. Shylock ist bereit, ihm 3000 Dukaten auf 3 Monate zu leihen – er akzeptiert Antonio als Bürgen. Nach dem Erscheinen Antonios wird in einem Selbstgespräch Shylocks deutlich, dass zwischen beiden seit jeher ein gespanntes Verhältnis besteht, und zwar auf Grund unterschiedlicher geschäftlicher Praktiken.

Antonio verdient sein Geld durch Handelsgeschäfte, er gibt aber auch zinslose Darlehen, wohingegen Shylock als Geldverleiher von dem Zinsertrag lebt. Antonio ist für ihn also ein Konkurrent in wirtschaftlichen Fragen, aber seine Reaktion im weiteren Verlauf des Gesprächs macht deutlich, welches die tieferen Gründe für wechselseitige Abneigung und Hass sind. Zwischen beiden wird ein Vertrag geschlossen mit dem Inhalt, dass Shylock Anspruch auf ein Pfund von Antonios Fleisch hat, falls dieser den Kredit nicht zum vereinbarten Zeitpunkt zurückzahlen kann, wobei Shylock unterstreicht, dass ihm an einer eventuellen Erfüllung dieses Vertrages nicht das Geringste liegt.

Antonios Vertrag mit Shylock

II, 1: Ankunft des Prinzen von Marocco

Der Prinz von Marocco erscheint mit seinem Gefolge, um um Porzia zu werben. Er erwähnt voller Stolz seine kriegerischen Taten – auch in dieser Situation ist er entschlossen, alles auf eine Karte zu setzen.

II, 2: Lanzelot Gobbo verlässt seinen Herrn

Lanzelot Gobbo diskutiert die Frage, ob er Shylock verlassen soll oder nicht, in Form eines eigentümlichen Dialogs, in dem er selber beide Rollen spielt: „Der böse Feind" bekniet ihn, seinen Herrn zu verlassen, sein Gewissen hingegen rät ihm, zu bleiben. Er entschließt sich zur Flucht, trifft beim Verlassen des Shylock'schen Hauses auf seinen Vater, dem er zunächst einen anderen vorspielt. Lanzelot beschließt, in Bassanios Dienst einzutreten; für den Abend hat dieser ein Essen mit seinen Freunden Graziano, Leonardo und Lorenzo vorgesehen.

II, 3: Jessicas Brief an ihren Freund Lorenzo

In Shylocks Haus übergibt Jessica, Shylocks Tochter, Lanzelot einen Brief an ihren Freund Lorenzo, den der Diener beim Abendessen in Bassanios Haus aushändigen soll.

II, 4: Inhalt des Briefes

Während sich Lorenzo, Graziano, Salarino und Solanio für einen Maskenzug vorbereiten, erscheint Lanzelot mit dem Brief Jessicas an Lorenzo. Bassanio hat Lanzelot aufgetragen, Shylock zu einem Abendessen einzuladen. Jessica erläutert in ihrem Schreiben den genauen Ablauf der von ihr geplanten Flucht aus dem Hause ihres Vaters.

II, 5: Shylock folgt, wenn auch widerwillig, Bassanios Einladung

Shylock trifft sich vor seinem Haus mit Lanzelot, über dessen geplanten Fortgang zu Bassanio er bereits informiert ist. Jessica erscheint; ihr Vater erwähnt Bassanios Einladung und trägt seiner Tochter auf, das Haus gut zu bewachen, zumal am Abend ein Maskenzug mit viel Volk stattfinden wird.

II, 6: Jessicas Flucht

Vor Shylocks Haus treffen sich Graziano, Salarino und Lorenzo, um Jessica zu entführen. Jessica erscheint, als Page verkleidet, nicht ohne daran gedacht zu haben, ihren Vater seiner Schätze zu berauben. Antonio tritt auf, informiert die anderen über Bassanios bevorstehende Abreise nach Belmont.

II, 7: Maroccos Kästchenwahl

drei Kästchen aus Gold, Silber, Blei mit unterschiedlichen Inschriften

In Porzias Haus in Belmont wählt der Prinz von Marocco zwischen den drei Kästchen aus Gold, Silber, Blei mit unterschiedlichen Inschriften, wobei sich in einem der Kästchen Porzias Bild befindet: „Wenn Ihr das wählt, bin ich zugleich die Eure." (II, 7, S. 34, V. 12). Das goldene Kästchen trägt die Inschrift: „Wer mich erwählt, gewinnt, was mancher Mann begehrt", das silberne verspricht: „Wer mich erwählt, bekommt soviel, als er verdient." Auf dem bleiernen Kästchen liest man: „Wer mich erwählt, der gibt und wagt sein Alles dran." Der Prinz wägt lange ab, jedoch entspricht seine Wahl der allgemeinen Erwartung, dass nämlich in dem goldenen Kästchen sich das befindet, was er begehrt – Porzias Bild. Stattdessen findet er ein Gerippe – enttäuscht reist er ab, Porzia hingegen fühlt sich erleichtert.

II, 8: Bassanios Abreise nach Belmont – Shylocks Wutausbruch – Antonios Trauer

In Venedig unterhalten sich Salarino und Solanio über die auf Bassanios Abreise und Jessicas Flucht folgenden Ereignisse. Sie amüsieren sich köstlich über Shylocks Wutausbrüche nach Jessicas Flucht: Ganz Venedig ist ihm gefolgt, ihn nachäffend in seinen sich ständig wiederholenden Ausrufen. Im Mittelpunkt ihrer weiteren Unterhaltung steht Antonio, dessen geschäftliche Lage sich durch den möglichen Verlust eines Schiffes verschlechtert hat. Angesprochen wird daneben sein Verhältnis zu Bassanio und sein tiefer Schmerz wegen der Abreise seines Freundes.

II, 9: Arragons Kästchenwahl – Bassanios Ankunft in Belmont

Handlungsort der letzten Szene des 2. Aktes ist Belmont, wo ein weiterer Bewerber Porzias, der Prinz von Arragon, sein Glück versucht. Seine Wahl fällt auf das silberne Kästchen: Das Bild eines Gecken schaut ihn an. Den Schluss des 2. Aktes bildet die Nachricht von Bassanios Ankunft in Belmont.

III, 1: Bestätigung von Antonios wirtschaftlichen Schwierigkeiten – Shylocks Reaktion

Zu Beginn des 3. Aktes treffen Solanio und Salarino wieder aufeinander. Das Gerücht von Antonios finanziellem Verlust bestätigt sich – eines seiner Schiffe ist auf See verloren gegangen. Shylock erscheint; seine Enttäuschung und Niedergeschlagenheit veranlassen Solanio und Salarino, ihn aufs Übelste zu verspotten. Shylocks Wutausbruch macht deutlich, dass er auf Erfüllung des Vertrages mit Antonio bestehen wird, denn Antonio vertritt eine Gesellschaft, die ihn, den Juden, niemals akzeptiert hat. Sein Monolog stellt die Frage nach den Motiven für diese dauernde Diskriminierung. In Shylocks Unterhaltung mit Tubal, einem jüdischen Geschäftsfreund, geht es wiederum um Jessicas Flucht und die durch Jessica verursachten finanziellen Verluste des Vaters.

III, 2: Bassanios erfolgreiche Wahl – Nachricht von Antonios Katastrophe

In Belmont steht Bassanio vor der alles entscheidenden Wahl. Von dem goldenen und silbernen Kästchen wendet er sich ohne weitere Ausführungen ab und entscheidet sich für das bleierne Kästchen, das Porzias Bild enthält. Glücklich gesteht sie ihm ihre

Bassanio gewinnt Porzia

Liebe; als Beweis ihrer unverbrüchlichen Treue überreicht sie ihm einen Ring, den auf immer zu bewahren sie Bassanio verpflichtet. In der Zwischenzeit ist auch Graziano nicht müßig gewesen; der Leser erfährt von seinem erfolgreichen Werben um Nerissa, Porzias Dienerin und Vertrauter. Lorenzo, Jessica und Solanio treten auf; Solanios Nachricht von Antonios Problemen zerstört die heitere Stimmung – Bassanio eilt nach Venedig, um seinem Freund beizustehen, der nun alle Schiffe verloren hat.

III, 3: Antonios verzweifelte Lage

In Venedig ist Antonio ins Schuldgefängnis geworfen worden; vergeblich versucht er, Shylock von seinem grausamen Vorhaben abzubringen.

III, 4: Porzias heimlicher Plan

In Belmont denken unterdessen Antonios Freunde über einen Rettungsplan nach. Porzia schickt ihren Diener Balthasar mit einem Schreiben nach Padua zu ihrem Vetter, dem Doktor Bellario, wobei nicht erkennbar wird, in welcher Absicht die von ihr außerdem angesprochenen Papiere und Kleider Verwendung finden sollen.

III, 5: Judentum und Christentum aus Sicht des Clowns Lanzelot

In Belmont wohnen wir einer Unterhaltung zwischen Jessica, Lorenzo und Lanzelot bei, während der Lanzelot Jessica daran erinnert, dass sie als Tochter eines Juden auf ewig verdammt sei. Jessica widerspricht ihm: Durch ihre Heirat mit einem Christen werde sie das ewige Leben gewinnen.

IV, 1: Die Verhandlung gegen Antonio – Porzias Auftreten

Ort der Handlung ist der Gerichtshof von Venedig. Unter Vorsitz des Dogen wird über Shylocks Begehren auf Vertragserfüllung durch Antonio, seinen Schuldner, verhandelt.
Shylock ist nicht bereit, auf seinen Anspruch zu verzichten: Zum einen betont er seine gleichsam religiöse Verpflichtung, auf Einhaltung des Vertrages zu drängen, zum anderen weist er darauf hin, dass der Ruf Venedigs als Stadt, in der jedermanns Rechtsansprüche garantiert sind, Schaden nehmen würde. Der wahre Grund seiner Unnachgiebigkeit ist sein Hass auf Antonio, der sein Schicksal akzeptiert – Bassanios Angebot, seinetwegen den Tod erdulden zu wollen, lehnt er ab. In diesem Augenblick höchster Spannung erscheint Nerissa mit einem Brief Bellarios, den der Herzog selbst um Rechtsauskunft gebeten hatte. Bellario betont, er könne an dem Prozess nicht teilnehmen, schicke aber als seinen Stellvertreter einen hoch qualifizierten Juristen. Hierbei handelt es sich – das weiß natürlich nur der Zuschauer – um Porzia, die die Verhandlung statt des Dogen weiterführt. Vor ihren Ausführungen zum Thema „Gnade" betont sie die Legitimität der Ansprüche Shylocks. Dieser besteht unerbittlich auf seinem Recht, weist auch Bassanios Angebot zurück, ihm ein Mehrfaches der fälligen Summe zu zahlen. Als er zur Tat schreiten will, kommt Porzias entscheidender Hinweis, basierend auf dem genauen Wortlaut des Vertrages. Mit unerbittlicher Härte wendet sie jetzt das Gesetz an, auf dessen Erfüllung Shylock mitleidslos bestanden hatte. Er erkennt, dass der Prozess für ihn verloren ist, und erklärt sich bereit, auf Bassanios Angebot einzugehen. Porzia weist dieses Ansinnen zurück – Shylock muss sein Pfand nehmen, ohne einen Tropfen Blut zu vergießen und ohne mehr als genau ein Pfund herauszuschneiden. In diesem Moment verzichtet er auf alle Ansprüche, doch nunmehr trifft ihn die ganze Härte des Gesetzes: Porzia führt aus, dass er einem Venezianer nach dem Leben getrachtet habe, weswegen er sein gesamtes Vermögen verliere und auch sein Le-

Ansprüche Shylocks

ben verwirkt habe, falls ihn der Doge nicht begnadige. Dieser gewährt ihm sein Leben, von Antonios Wohlwollen hängt die Verwendung seines Vermögens ab: Antonio belässt ihm die Hälfte, die nach Shylocks Tod Lorenzo und Jessica zufallen soll. Außerdem muss er sich zum Christentum bekehren. Porzia lehnt jede Bezahlung ab, verlangt nur ihren – eigenen – Ring von Bassanio, den dieser ihr zunächst verweigert, dann aber doch durch Graziano überbringen lässt.

IV, 2: Das Ringmotiv

Graziano überreicht Porzia den Ring. Nerissa, als vermeintlicher Schreiber, plant, sich ebenfalls von ihrem Ehemann den Ehering aushändigen zu lassen.

V, 1: Belmont

Der *Kaufmann von Venedig* endet mit einer Szene in Belmont. Da die eigentliche Handlung mit dem glücklichen Ausgang der Gerichtsszene beendet ist, stellt sich die Frage nach der Funktion dieses letzten Aktes. Inhaltlich ist lediglich der Streit zwischen Bassanio und Porzia bzw. Graziano und Nerissa wegen des angeblichen Verlustes der Ringe zu erwähnen, jedoch liegt die Bedeutung des 5. Aktes nicht in seinem Handlungsablauf.

2.3 Aufbau

Charakteristisch für den Aufbau des *Kaufmanns von Venedig* sind insgesamt fünf Handlungsstränge, die für den Gehalt und die Aussagekraft des Stückes von unterschiedlicher Bedeutung sind. Die beiden **Haupthandlungen** haben zum einen den Vertrag zwischen Shylock und Antonio zum Inhalt, die sog. **„Shylock-bond"-Handlung** mit Venedig als Handlungsort, zum anderen ist da die Kästchenwahl und die Vereinigung Porzia – Bassanio, die **Belmont-Handlung**. Diesen beiden Hauptsträngen sind **drei Nebenhandlungen** von unterschiedlicher Wichtigkeit zugeordnet: Sehr wichtig ist dabei die Beziehung zwischen Lorenzo und Jessica sowie die Ringepisode, weniger bedeutsam, wenn auch funktional mit dem Geschehen um Shylock verknüpft, ist die Handlung um Lanzelot.

fünf Handlungsstränge

Shakespeare gelingt es meisterhaft, die beiden Haupthandlungen miteinander zu verknüpfen: Bassanio, erfolgreicher Bewerber um Porzias Hand, ist Antonios bester Freund und Ursache für dessen Vertrag mit Shylock. Porzia, Herrin von Belmont, spielt als verkleideter Rechtsexperte die entscheidende Rolle im Prozess zwischen Shylock und Antonio. Die **strukturelle Verbindung** zwischen der vom kaufmännischen Denken und Gewinn geprägten Welt Venedigs und Belmont, einer Welt märchenhafter Schönheit und Glückseligkeit, wird von Shakespeare an einigen Stellen auch **sprachlich hergestellt**. Wendungen aus der Welt des Handels dienen in Belmont als Metaphern zum Ausdruck von Gefühlen: Nachdem Bassanio den ihm Glück verheißenden Zettel in dem bleiernen Kästchen gelesen hat, sagt er zu Porzia: „Ich komm, auf Schein zu nehmen und zu geben." (III, 2, S. 50, V. 140), eine Aussage, die sich sowohl auf Antonios Schuldschein für Shylock als auch auf das Schreiben in dem Kästchen bezieht. Diese Verbindung ist auch in Porzias Äußerung erkennbar, als sie sich Bassanio gegenüber wie folgt äußert: „So teur gekauft, will ich Euch teuer lieben." (III, 2, S. 55, V. 312).

dem Märchen entlehnte Motive

Als weiteres gemeinsames strukturelles Gestaltungselement sind dem Märchen entlehnte Motive zu nennen. Dass sich jemand auf Leben und Tod zur Erfüllung einer Aufgabe verpflichtet, dass nach **drei** Tagen – im *Kaufmann von Venedig* sind es **drei** Monate – die Zeitspanne abgelaufen ist, gehört in diesen Rahmen ebenso wie in der Belmont-Handlung die Wahl von **drei** Bewerbern zwischen jeweils **drei** Kästchen. Dass Antonio aus scheinbar größter finanzieller Not am Ende des Stückes durch die Mitteilung, seine verloren geglaubten Schiffe seien heil im Hafen eingelaufen, errettet wird, ist ebenfalls für das Genre des Märchens charakteristisch.

Musik

Strukturgestaltend ist weiterhin die Musik. In beiden Handlungssträngen spielt sie eine wichtige Rolle; Shakespeare zeigt uns das innere Verhältnis wichtiger Personen zur Musik und gewährt uns damit einen vertieften Einblick in ihren Charakter. Zu nennen wären hier das Gespräch zwischen Shylock und Jessica in der fünften Szene des 2. Aktes sowie die Unterhaltung Lorenzos mit Shylocks Tochter Jessica am Ende des Stückes. Musik untermalt die Kästchenwahl und dient hier als Beleg für das besondere Verhältnis Porzias zu Bassanio.

„Schein und Sein"

Für den Gesamtaufbau des Dramas von großer Wichtigkeit ist die Behandlung des Themas „Schein und Sein" in dem Stück. Das, was der Mensch vorgibt zu sein und was er wirklich ist, das, was er sagt und das, was er denkt, dieser Gegensatz zwischen seinem Äußeren und seinem Innern zieht sich durch das ganze Stück. Gleich zu Beginn findet diese Gegenüberstellung in Grazianos Äußerung Erwähnung (I, 1, S. 7–8, V. 88 f.). Die Kästchenwahl in der Belmont-Handlung ist ganz von diesem Gegensatz geprägt – äußerer Schein verfälscht den Wert der Dinge, von dem Menschen selbst hängt es ab, ob er die Wahrheit erkennt.[7]

---

7 Dass das Thema Schein – Sein nicht nur im Werke Shakespeares, sondern generell im Denken der Epoche einen derartig breiten Raum einnimmt – so z. B. auch in Spensers *Faerie Queene* – führen wir auf den Einfluss des französischen Dichters Montaigne (1553–1592) und seiner *Essais* 1580 mit seiner z. T. sehr skeptischen Mencheneinschätzung zurück. So spricht er z. B. davon, dass die meisten unserer Handlungen durch das Bestreben bestimmt sind, unsere wahren Gedanken zu verbergen.

Auf die logische zeitliche Abfolge der beiden Handlungsstränge achtet Shakespeare beim Aufbau nicht. Der Vertrag zwischen Antonio und Shylock läuft drei Monate, jedoch verlässt Bassanio Venedig kurze Zeit nach Vertragsabschluss. Günstige Winde bringen ihn schnell nach Belmont, wo er wenig später die Wahl zwischen den drei Kästchen vornimmt, um dann schnellstens nach Venedig und zu Antonios Prozess zurückzukehren. Die fehlende zeitliche Koordinierung hat Shakespeare nicht beachtet, sie ist aber auch für den Gehalt des Dramas ohne Bedeutung.

Der **1. Akt, die Exposition**, gibt uns sämtliche für das Verständnis des Stückes notwendigen Informationen. Antonios unerklärliche Schwermut steht am Beginn der 1. Szene, womit sofort das Interesse des Publikums geweckt wird, das auf weitere Hinweise, die eine Begründung für diese melancholische Grundstimmung des Titelhelden geben könnten, angespannt wartet. In dem Gespräch zwischen den Kaufleuten erhalten wir einen Einblick in die Welt Venedigs. Aus den Worten Solanios: „Wir lassen Euch in besserer Gesellschaft" (I, 1, S. 6, V. 59) wird ersichtlich, dass zwischen Antonio und dem neu hinzukommenden Bassanio ein besonderes Vertrauensverhältnis besteht. Die 1. Szene gibt uns also in Form einer dialogischen Exposition einen ersten Einblick in den Charakter und die Lebenslage dreier für den Verlauf des Dramas wichtiger Personen – Antonio, Bassanio und Porzia – und eröffnet mit Antonios Kreditzusage am Schluss der Szene einen Ausblick auf den weiteren Handlungsverlauf. Shakespeare verwendet in dieser Szene **unterschiedliche Charakterisierungstechniken**. Die Charakterisierung Porzias durch Bassanio, gewissermaßen in Form eines Fremdkommentars, ist vom Rezipienten in Bezug auf ihren Wahrheitsgehalt nicht zu beurteilen, da er noch nicht über die nötigen Informationen verfügt, um sich ein eigenes Bild machen zu können – er erwartet somit ihren Auftritt voller Spannung. Bassanios Preis der Schönheit und Tugendhaftigkeit Porzias,

dialogische Exposition

verbunden mit der Erwähnung ihres Reichtums, lässt uns mit Belmont eine Welt erwarten, in der kein Platz ist für Traurigkeit und Schwermut. Umso überraschter sind wir, als Porzia gleich zu Beginn auf ihren Überdruss an dieser Welt hinweist. Für Porzias Seelenzustand gibt es eine Erklärung: den letzten Willen ihres Vaters. Da wir keine genauen Erläuterungen zu dieser Wahl erhalten, steigt unsere Erwartungshaltung; Porzias Charakterisierung der bisherigen Bewerber erweitert das von ihrer Person durch Bassanio gegebene Bild.
I, 3 schießt an den Schluss von I, 1 – Antonios Kreditzusage – an. Das Auftreten Shylocks, seine Verhandlungsführung und der offensichtliche Hass zwischen ihm und dem Kaufmann lassen am Schluss des 1. Aktes ein tragisches Ende als möglich erscheinen.

2. Akt: Retardierende Funktion in Bezug auf die beiden Haupthandlungsstränge – Lanzelot und Jessica verlassen Shylock

Von den insgesamt 9 Szenen des 2. Aktes spielen drei in Belmont, sechs in Venedig. Der pompöse Auftritt Maroccos schafft eine gelockerte Atmosphäre, die in der 2. Szene fortgeführt wird, wenn sich Lanzelot in spielerischer Form mit der Frage auseinander setzt, ob er Shylock verlassen soll oder nicht. Sein fiktiver Dialog zwischen „Conscience – Gewissen" und „Fiend – Feind" erweitert unser Bild von Shylock und stimmt ein auf die in den Szenen 3 und 4 erkennbar werdende Absicht Jessicas, ihren Vater zu verlassen. Shylocks Anweisungen an Jessica in Szene 5 stellen ihren Fluchtplan in Frage und steigern die Spannung. Die 6. Szene ist der Abschluss der mit Szene 3 angedeuteten Flucht Jessicas. Der Hinweis auf Bassanios bevorstehende Reise nach Belmont erinnert den Zuschauer an seine fast schon vergessene Absicht, um Porzia zu werben. Die 7. Szene des 2. Aktes bedeutet mit Maroccos erfolgloser Kästchenwahl eine thematische Fortführung der 1. Szene. Es folgt ein erneuter Szenenwechsel nach Venedig.
Die gesamte 8. Szene ist in Form eines Berichts gestaltet. Damit

hat der Autor die Möglichkeit, sowohl die „Belmont-Handlung" als auch die Handlung um Shylock und Antonio zügig voranzutreiben. Bassanios Abreise wird nur ganz kurz angesprochen, wohingegen die „Shylock-bond"-Handlung ihre dramatische Zuspitzung erfährt: Antonios Schiffe sind bedroht und damit auch seine Möglichkeit in Frage gestellt, den Vertrag zu erfüllen. Der dann erfolgende Szenenwechsel nach Belmont bedeutet ebenfalls eine Spannungssteigerung – Bassanios Kästchenwahl steht unmittelbar bevor.

3. Akt: Hinführung der Shylock-bond-Handlung zu ihrem absoluten Höhepunkt – glückliches Ende der Belmont-Handlung

Der 3. Akt lässt die Lage für Antonio immer bedrohlicher erscheinen. Shylocks Zornesausbrüche in III, 1 und III, 3 machen deutlich, dass er um keinen Preis nachgeben wird. Was den Zuschauer trotzdem nicht an eine Katastrophe glauben lässt, ist die in III, 2 zu einem glücklichen Ende geführte Belmont-Handlung.

die zu einem glücklichen Ende geführte Belmont-Handlung

Es zeigt sich eine Dreiteilung der gesamten Szene, die im 1. Abschnitt mit Porzias vergeblichem Versuch, den Augenblick der Wahrheit hinauszuzögern, beginnt. Die einsetzende Musik leitet zu Bassanios Wahl des bleiernen Kästchens über. Am Ende dieses Abschnitts steht die glückliche Auflösung mit Bassanios und Porzias Liebesschwüren sowie der Übergabe des Ringes als Unterpfand für ihre dauerhafte Verbindung (III, 2, S. 46–51, V. 1–185). Der Beginn des 2. Abschnitts setzt mit Grazianos und Nerissas Verbindung diese heitere Stimmung fort, jedoch erfolgt ein jäher Umschwung durch die Nachricht von Antonios Desaster (III, 2, S. 51–54, V. 186–297). „Belmont-Handlung" und die „Shylock-bond"-Handlung werden in dem Moment, in dem Porzia ihren geliebten Bassanio mit einem Hilfsangebot nach Venedig schickt, aufeinander zugeführt (III, 2, S. 54–55, V. 298 bis Schluss). Zum ersten Mal in dem gesamten Stück erscheinen die drei Liebespaare Porzia – Bassanio, Lorenzo – Jessica, Graziano – Nerissa gemeinsam in einer Szene – **die Kräfte der Liebe, des gegenseitigen Verstehens vereinigen sich gegen die durch Shylock personifizierte Welt der Hartherzigkeit.**

4. Akt: Höhepunkt und Peripetie

Mit dem 4. Akt erreicht das Stück im direkten Zusammentreffen der beiden Antagonisten Shylock und Porzia seinen dramatischen Höhepunkt. Der kunstvolle Aufbau lässt diese Konfrontation als ein eigenes Drama erscheinen, wobei wiederum die Dreiteilung das entscheidende strukturierende Merkmal ist.[8] Der Urteilsspruch könnte das Ende des 4. Aktes darstellen. Dass Shakespeare noch das Ringmotiv folgen lässt, macht deutlich, dass nach Shylocks Abgang die Welt der Komödie, des Spielerischen nunmehr den weiteren Fortgang des Dramas bestimmt.

Dreiteilung

5. Akt: Auflösung aller Dissonanzen in der Harmonie des Kosmos

Die mit dem 4. Akt beendete düstere Shylock-Handlung wird mit dem 5. Akt im Bewusstsein des Zuschauers in den Hintergrund gedrängt. Lorenzos und Jessicas „Wechsel-Sprechgesang" sowie die stellenweise leicht zweideutige Fortführung des Ringsmotivs bilden das Ende des Stückes.

8 Anthony Brennen: *Shakespeare's Dramatic Structures*, S. 39 f.

Aufbau der Gerichtsszene

Prolog: Bedauern des Dogen – Antonios Gefasstheit (S. 63, V. 1–15)

Teil I: Gnadenappelle

1. Der Doge bittet Shylock vergeblich um Gnade für Antonio (S. 63–65, V. 16–62)
2. Shylock weist Bassanios Angebot auf Zahlung der Summe zurück (S. 65, V. 63–88)
3. Shylock führt weitere Gründe für seine Unnachgiebigkeit an (S. 65–66, V. 89–103)

Interludium: Erwähnung Bellarios – Antonios Verzweiflung – Brief Bellarios – Ankunft des „jungen Doktors" (S. 66–68, V. 104–172)

Teil II: Porzias Prozessführung

1. Aufklärung des Sachverhalts – Porzias „Mercy"-Rede bewegt Shylock nicht zum Umdenken (S. 68–69, V. 172–210)
2. Shylock lehnt Bassanios großzügiges Angebot ab – Antonios Abschiedsrede (S. 69–72, V. 211–302)
3. Peripetie – Porzias Vertragsauslegung (S. 72–73, V. 303–349)

Teil III: Shylocks Demütigung

1. Verteilung seines Eigentums (S. 73–74, V. 350–370)
2. Begnadigung Shylocks durch den Dogen (S. 74, V. 371–383)
3. Antonios Entscheidung (S. 74–75, V. 384–403)

Epilog: Verabschiedung Porzias durch den Dogen (S. 75, V. 404–410)

2.4 Personenkonstellation und Charakteristiken

Die Untersuchung der Personenkonstellation zeigt die für die elisabethanische Komödie typische **Verdoppelung der Liebeshandlung** in den Paaren **Bassanio – Porzia** bzw. **Graziano – Nerissa**. Auch wenn bei ihnen Werbung, Ringmotiv und Auflösung auf den ersten Blick identisch sind, so arbeitet Shakespeare ganz bewusst Unterschiede zwischen den Paaren heraus. Dem dritten Liebespaar **Lorenzo – Jessica** kommt innerhalb des Stückes eine besondere Bedeutung zu. Die **Venezianer** Salarino, Solanio, Graziano und Lorenzo bilden bis zu einem gewissen Grade eine homogene Gruppe, vergleichbar durch Sprache, Sorglosigkeit, Ablehnung Shylocks. **Bassanio** und **Antonio** gehören aufgrund ihrer Herkunft und ihres Lebensstils zu der Welt Venedigs – im Verlauf des Stückes erfahren sie eine differenziertere Charakterisierung als ihre Freunde. Bassanios Mitbewerber um die Hand Porzias, **Marocco** und **Arragon**, haben die Funktion, die Bedeutsamkeit gerade seiner Entscheidung hervorzuheben.
Im Mittelpunkt des Geschehens steht **Porzia**: Sie tritt am häufigsten auf, ist bestimmend für Bassanios, Antonios und Shylocks Leben. **Shylock** ist der totale Außenseiter, verlassen von seiner Tochter **Jessica**, seinem Diener **Lanzelot**, verspottet, verachtet, verhasst.

ein Außenseiter wie Shylock

Antonio tritt auf der Bühne lediglich in 6 von 18 Szenen auf. Innerhalb der venezianischen Kaufmannschaft spielt er sicherlich eine herausragende Rolle, worauf Salarinos Ausführungen zu Beginn des Stückes hindeuten (I, 1, S. 5, V. 8 f.). Auffallend für eine Titelfigur ist, dass wir nichts über persönliche Verbindungen erfahren mit Ausnahme seines sehr engen Freundschaftsverhältnisses zu Bassanio. Trotz oder vielleicht auch wegen seiner kaufmännischen Erfolge scheint er in der Gesellschaft Venedigs ein Außenseiter zu sein, wie auch Shylock.

Antonio zeichnet sich bei seinen geschäftlichen Unternehmungen durch große Umsicht aus; Mittelpunkt seines privaten Lebens ist seine **Freundschaft zu Bassanio**. Zu Beginn des Stückes erscheint er als schwermütig, traurig, ohne zu verstehen, was mit ihm vorgegangen ist. Die Beschreibung, die Antonio sofort bei seinem Auftritt von sich selbst gibt, entspricht dem Bild, das man sich am Ende des 16. Jahrhunderts vom **Typus des Melancholikers** machte und das auf der antiken Überzeugung beruhte, dass mentale und körperliche Gesundheit abhängig seien von dem ausgewogenen Verhältnis der Körpersäfte Blut, schwarze Galle, Schleim, rote bzw. gelbe Galle. Das Überwiegen eines dieser Säfte führte zum Typ des Sanguinikers, des Melancholikers (gr. melan = schwarz, cholos = Galle), des Phlegmatikers und des Cholerikers. Um die Wende vom 16. zum 17. Jahrhundert erschien der Mensch zunehmend als fragwürdig – ein Gefühl der Desorientiertheit, der Entfremdung breitete sich aus.

Antonios Hinweis auf seine lethargische Stimmung – „Mir gilt die Welt nur wie die Welt, Graziano:/Ein Schauplatz, wo man eine Rolle spielt,/Und mein' ist traurig." (I, 1, S. 7, V. 77) – macht sichtbar, dass er seine persönliche Lage in einem größeren Zusammenhang sieht. Es zeigt sich in seinen Worten eine **pessimistische Grundeinstellung zum Leben** – unser gesamtes Dasein ist gekennzeichnet durch Wahn und Selbsttäuschung. Eigenständiges, selbst bestimmtes Handeln erscheint ihm unmöglich, eine Sinngebung in einem allgemein gültigen Zusammenhang, wie ihn das Mittelalter im Glauben fand, ist hier nicht erkennbar. Für Antonio stellt sich die Frage nach der Echtheit unseres Daseins, nach einer wahrhaftigen Lebensweise, und genau darauf bezieht sich sein Hinweis zu Beginn des Stückes, dass er lernen muss, sich selbst zu erkennen. Seine gegenüber Bassanio im Verlauf des Prozesses getroffene Aussage spiegelt die innere Verzweiflung, den fehlenden Lebensmut, das Gefühl der eigenen Unzulänglichkeit (IV, 1,S. 66, V. 114 f.).

Frage nach der Echtheit unseres Daseins

Aus seiner Schwermut und Traurigkeit erklärt sich, dass Antonio, obwohl er in Bezug auf die Personenkonstellation im Mittelpunkt des Geschehens steht, im ersten Teil der Szene kaum aktiv an der Unterhaltung teilnimmt. Er ist die Ursache der Überlegungen Solanios und Salarinos, beteiligt sich jedoch nicht wirklich, reagiert einsilbig – sein sentenzenhaftes Sprechen enthüllt seine innere Distanz. Es wird erkennbar, dass er zu Solanio und Salarino kein persönliches Verhältnis hat. Weiterhin fällt auf, dass er mit Lorenzo kein Wort wechselt. Sein Verhalten ändert sich sofort, als er mit Bassanio allein ist. Er übernimmt die Gesprächsführung, fordert Bassanio auf, ihm Einzelheiten über seine Werbung mitzuteilen. Er hat sich bereits in der Vergangenheit Bassanio gegenüber in finanziellen Dingen als sehr großzügig erwiesen, schätzt ihn wegen seiner Ehrenhaftigkeit (I, 1, S. 9, V. 135 f.). Er bedrängt ihn förmlich, die benötigte Summe zu nennen, ist sogar bereit, sich für Bassanio bis an die Grenze des Möglichen zu verschulden. **Antonio ist der edle, selbstlose Freund**, wie er uns in der Literatur der Renaissance entgegentritt. Die Bereitschaft, einem Freund zu helfen, ihn uneingeschränkt zu unterstützen, ist also nichts Außergewöhnliches. Was in Bezug auf die Person Antonios auffällt, ist die Tatsache, dass er keinerlei Interesse an Frauen zu haben scheint. Dass es sich in seinem Verhältnis zu Bassanio um eine homoerotische Beziehung handelt, kann eventuell vermutet werden, lässt sich aber aus dem Text selbst nicht erschließen.

Antonios Entwicklung im Verlauf des Stückes

Wichtig für das Verständnis Antonios ist seine Entwicklung im Verlauf des Stückes bis hin zu seinem Auftreten im Prozess zwischen ihm und Shylock. Nach seinem durch und durch christlichen Verhalten gegenüber Bassanio zeigt sein Benehmen gegenüber Shylock in der 3. Szene, dass das christliche Ideal der uneingeschränkten Nächstenliebe von ihm nicht erfüllt wird. Antonio verachtet Shylock zum einen als Vertreter einer religiösen Minderheit. Er diskriminiert ihn, spuckt ihn an, misshandelt ihn sogar (I, 3, S. 18, V. 135 f.). Er macht von seiner Macht Gebrauch, die ihm gewissermaßen durch gesellschaftlichen Konsens als Mitglied der dominierenden Gruppe zugefallen ist. Sein Verhalten ist charakteristisch für einen Antisemiten; **vor Porzias „Mercy"-Rede** stellt er Shylock auf die Stufe eines Tieres, spricht von ihm als „dem Juden", erwähnt „sein jüdisch Herz" (IV, 1, S. 65, V. 70 f.). Aufschlussreich und für antisemitische Einstellung charakteristisch sind die Bezeichnungen „Jude", „sein jüdisch Herz". Es hat eine Entpersonalisierung Shylocks stattgefunden – er hat seine Eigenständigkeit, seine Individualität verloren, erscheint nunmehr nur noch als Vertreter einer Minderheit, die man ablehnt.

antisemitische Einstellung

Shakespeares Komposition des 2. Aktes ist für die Charakterisierung des Titelhelden wichtig, obwohl er selbst in den insgesamt neun Szenen des 2. Aktes nur einmal kurz erscheint (II, 6, S. 34, V. 62 f.).

In Mittelpunkt des 2. Aktes steht Jessicas Entführung durch Lorenzo, Graziano und Salarino. Antonio hat damit nichts zu tun, ebenso wenig wie mit der Einladung Shylocks zum Essen, die für die erfolgreiche Durchführung des Fluchtplans Voraussetzung ist. Auch Shylocks Verzweiflung in der 8. Szene bleibt Antonio unbekannt. Durch diese Personenkonstellation unterstreicht Shakespeare Antonios innere Distanz zu den übrigen Venezianern – außer Bassanio natürlich. Im gesamten Stück spricht er weder zu Lorenzo noch zu Jessica – sicherlich kein Zufall. Man kann annehmen, dass Jessicas Flucht ein Auslöser für Shylocks Unnachgiebigkeit während des Prozesses ist – **Antonio** wäre somit **das unschuldige Opfer von Vorgängen, für die er selbst in keiner Weise verantwortlich ist.**

Erst in der dritten Szene des 3. Aktes erscheint Antonio wieder auf der Bühne. Während Porzia und Bassanio in Belmont ihr Glück genießen, leidet er im Schuldgefängnis. Bei einem Ausgang trifft er mit Shylock zusammen – verzweifelt, hilflos, um sein Leben wimmernd. Shylocks triumphierende Äußerungen bewirken nun aber in Antonio eine vollkommene Veränderung. Er lehnt es ab, um sein

Leben zu bitten, **gelangt zu innerer Ruhe angesichts des Todes.** Er lehnt jedes Gnadengesuch an den Dogen ab – das Wohl des Staates hat Vorrang vor seinem eigenen Leben. Sein „Well, gaoler, on – komm, Schließer" (III, 3, S. 56, V. 35) sind die Worte eines Mannes, der sein Schicksal in Würde akzeptiert.
Dieser Eindruck wird durch Antonios Verhalten während des Prozesses bestätigt. Obwohl er den Dogen, d. h. den vorsitzenden Richter, auf seiner Seite weiß, verzichtet er auf jeden Versuch der Einflussnahme auf den Fortgang des Prozesses (IV, 1, S. 63, V. 10 f.). Er weiß sich verpflichtet, den Gesetzen seines Staates zu gehorchen. Im Gegensatz zu Graziano enthält er sich nach dem für ihn glücklichen Ende des Prozesses jeder beleidigenden Äußerung gegenüber Shylock.
Vor dem Hintergrund des Reifeprozesses, den Antonio durchgemacht hat, ist sein Verhalten nach dem Richterspruch zu sehen, dem gerade in diesem Moment eine besondere Bedeutung zukommt:

Doge: *„Damit du siehst, welch andrer Geist uns lenkt,*
So schenk ich dir dein Leben, eh' du bittest.
Dein halbes Gut gehört Antonio,
Die andre Hälfte fällt dem Staat anheim,
Was Nachsicht mildern kann zu einer Buße."
Porzia: *„Ja, für den Staat, nicht für Antonio."*
(IV, 1, S. 74, V. 372–377)

Warum lässt Shakespeare Porzia genau an dieser Stelle eingreifen? Antonios Ausführungen in Bezug auf Shylock erscheinen dadurch als wirklich eigenständig, nicht in Nachahmung einer fürstlichen Entscheidung getroffen. **Antonio muss beweisen, dass er aus der Konfrontation mit dem Tode gelernt hat**, sowohl was seine persönliche Haltung betrifft als auch das Verhältnis zu seinen Mitmenschen. Um seine Entscheidung über Shylocks Zukunft wirklich richtig zu beurteilen, muss man sich vor Augen führen, wie ihm sein Gegner im Verlauf des Prozesses gegenübergetreten ist: brutal, mitleidslos, sich an seinem Elend erfreuend. Wenn Antonio jetzt darauf dringt, dass der Staat Shylocks Geldbuße für die Hälfte seines Besitzes erlässt und dass er selbst von der anderen Hälfte lediglich den Ertrag bekommt, so ist sein Gegner auf keinen Fall mittellos. Antonios zweite Bedingung, dass sich Shylock zum Christentum bekehren muss, erscheint aus dem Selbstverständnis der Elisabethanischen Zeit als echter Gnadenerweis. Dabei stütze man sich auf den Apostel Paulus, der in seinen Episteln an die Römer betont, dass das jüdische Volk vom Glauben abgefallen sei (Römer 10, 21) und nur durch die Christen zu Gott zurückfinden werde (Römer 11, 25, 26). Für den Juden Shylock gab es keine Hoffnung auf ein ewiges Leben, erst sein Übertritt zum Christentum lässt ihn der Gnade Gottes teilhaftig werden, so dass Antonios Entscheidung auf keinen Fall negativ zu beurteilen ist, auch wenn sie aus unserer modernen, durch die schreckliche Erfahrung des Holocaust geprägten Sicht nicht gebilligt werden kann.

Anfangs war Antonio von einer unerklärlichen Schwermut befallen. Es ist sicher richtig, diesen Zustand im Zusammenhang mit der bevorstehenden Abreise Bassanios nach Belmont zu sehen – er ahnt, dass er seinen Freund an Porzia verlieren wird (II, 8, S. 38, V. 46 f.). Es stellt sich die Frage, wie er sich im weiteren Verlauf des Dramas Bassanio gegenüber, der ja für seinen möglichen Tod mitverantwortlich ist, verhält. Sein Brief an ihn (III, 2, S. 55, V. 314 ff.) ist im 1. Teil in einem sehr sachlichen Ton gehalten, ohne Beschimpfungen Shylocks, ohne anklagende, an die Adresse Bassanios gerichtete Untertöne. Antonio bewahrt Fassung, **für ihn stehen die Interessen seines Freundes höher als die Sorge um sein eigenes Leben**. Der Abschied von ihm in der Gerichtsszene ist ergreifend: Seine letzten Gedanken gelten Porzia, Bassanios Frau, an die er ja seinen Freund verloren hatte (IV, 1, S. 75 f., V. 279 ff.). Nach dem glücklichen Ausgang des Prozesses tritt uns im letzten Akt mit **Antonio** ein Mann entgegen, **der nicht mehr an den der Welt überdrüssigen Menschen erinnert**. Er steht bei der den 5. Akt dominierenden Ringepisode nicht im Vordergrund, was das Bühnengeschehen angeht, entscheidend für seine Beurteilung ist jedoch die Frage, welches Verhältnis er zu den Eheleuten Porzia und Bassanio gefunden hat. Er unterstützt uneingeschränkt die Verbindung zwischen den beiden, da er gelernt hat, dass man bereit sein muss, auch das zu verlieren, was man liebt. **Durch seinen Verzicht auf Bassanio ist er innerlich frei geworden**; er ist nicht länger „ein angestecktes Schaf der Herde" (IV, 1, S. 66, V. 114).

Verzicht auf Bassanio

Zu Beginn des Dramas begrüßt Salarino Antonios Freund **Bassanio** als „wertren Freund" (I, 1, S. 7, V. 61). Bassanio ist Mitglied der venezianischen Oberschicht, wobei nicht deutlich wird, was er eigentlich macht. Fest steht, dass er ständig in Geldnöten ist, auch jetzt, bei seiner bevorstehenden Werbung um Porzia. Es ist ihm unangenehm, darüber zu sprechen; so erklären sich seine langatmigen Ausführungen zu Erlebnissen seiner Kindheit (I, 1, S. 9, V. 140 ff.). Erst ganz zum Schluss deutet er an, dass er Geld benötigt, in verklausulierter Form, aber doch unmissverständlich. Sein Werben um die vermögende Porzia könnte als Versuch interpretiert werden, seine finanzielle Lage entscheidend zu verbessern, jedoch ist seine Beschreibung Porzias als eines Fräuleins „reich an Erbe" (I, 1, S. 10, V. 161) eigentlich nur eine kurze Information. Weit wichtiger für ihn sind ihre Schönheit und insbesondere ihre Tugendhaftigkeit (I, 1, S. 10, V. 165 f.). Richtig ist, dass er dem Leben gegenüber eine zu große Sorglosigkeit zeigt, gewissermaßen in den Tag hineinlebt, ohne Interesse an geschäftlichen Dingen und somit auch ohne Erfahrung in diesem Bereich. Das wird in seiner Unterhaltung mit Shylock über den Kredit und die Konditionen deutlich. Er merkt nicht, wie geschickt Shylock das Gespräch führt, wie sehr er selbst durch seine hilflos wirkenden Fragen und Bitten „Könnt Ihr mir helfen? Wollt Ihr mir gefällig sein? Soll ich Eure Antwort wissen?" (I, 3, S. 14, Z. 7 ff.) Shylocks Position

große Sorglosigkeit

stärkt. Seine Einladung an den Juden ist Ausdruck seiner Gutwilligkeit und auch seiner Naivität, die ihn Shylocks eindeutig negative Einstellung zur Welt der venezianischen Kaufmannschaft nicht erkennen lässt. Das Gespräch zwischen Shylock und Antonio verändert seine innere Haltung: Er spürt, welcher Gefahr sich Antonio mit der Unterzeichnung der Vertragsbedingungen aussetzt. Shylock gegenüber ist er misstrauisch geworden (I, 3, S. 19, V. 188) – ihm ist aufgegangen, dass der äußere Anschein uns oft ein falsches Bild von einer Person oder auch einer Sache vermitteln kann, eine Erfahrung, an die er bei der Kästchenwahl in Belmont anknüpfen wird. Genau wie Antonio tritt Bassanio im 2. Akt nur kurz auf – Shakespeare macht deutlich, dass auch er mit der Entführung Jessicas nichts zu tun hat; **die beiden Freunde stehen nicht auf einer Stufe mit den übrigen Venezianern**.

Mit der **Kästchenwahl** steht Bassanio vor der größten **Bewährungsprobe** seines Lebens. Die beiden Prinzen von Marokko und von Arragon haben sich durch den trügerischen Schein von Gold und Silber blenden lassen, **Bassanio** jedoch, der humanistisch gebildete Gentleman, **durchschaut diesen Schein**: „So ist oft äußrer Schein sich selber fremd,/Die Welt wird immerdar durch Zier berückt." (III, 2, S. 48, V. 72/73). Der Gegensatz zwischen außen und innen, zwischen dem, was jemand zu sein vorgibt und was er wirklich ist, zwischen freundlichen Worten und sich dahinter verbergender böser Absicht durchzieht unser ganzes Leben. Für die Charakterisierung Bassanios ist entscheidend, dass er um diese Gegebenheiten weiß und zum Kern der Wahrheit vordringt. Bassanio, Verkörperung des autonomen Menschen der Renaissance, wird nicht zum Spielball des Schicksals, **wird nicht Opfer der Fortuna**. Seine unabdingbare Liebe zu Porzia, das Wissen um ihre Erwiderung machen es ihm möglich, den Zufall zu besiegen. Wie jeder Mensch ist auch Bassanio **in seinem Autonomieanspruch gefährdet.** Die Ringepisode hat neben ihrem spielerischen Charakter einen ernsten Hintergrund,

Verkörperung des autonomen Menschen der Renaissance

führt sie uns doch unsere Schwäche vor Augen, indem sie uns offen legt, wie wenig wir vor Täuschungen gefeit sind, wie wenig wir uns auf das Gefühl unserer Überlegenheit verlassen können. Bassanio, der sich in der Kästchenwahl bewährt hat, zeigt auch während des Prozesses seine menschlichen Qualitäten. Er fühlt sich Antonio gegenüber schuldig, bekennt sich zu seiner Verantwortung gegenüber Antonio (IV, 1, S. 71, V. 285 ff.), versucht, Shylock durch sachliche Argumente und durch finanzielle Anreize von seinem Vorhaben abzubringen (IV, 1, S. 65, V. 66 f.). Im Gegensatz zu Porzia ist er nach Shylocks erkennbarer Niederlage bereit, ihm das Geld zu geben und ihn ohne demütigende Auflagen gehen zu lassen – Bassanio zeigt, wie auch Antonio, das Verhalten, das Porzia in ihrer „Mercy"-Rede angemahnt hatte. Beide verbindet das Gefühl der Dankbarkeit gegenüber dem „Richter", der die Katastrophe abwenden konnte – dass Bassanio, durch Porzia mehrfach genötigt, den Ring fortgibt, ist sicherlich kein Zeichen von Treulosigkeit.

menschliche Qualitäten

Marocco und **Arragon**, Mitbewerber Bassanios um die Hand Porzias, scheitern, allerdings aus unterschiedlichen Gründen. **Marocco** wird bei seiner Wahl von den traditionellen Vorstellungen hinsichtlich des Wertes von Gold, Silber und Blei geleitet. Er ist von der Richtigkeit seiner Einstellung derartig überzeugt, dass er sein eigenes Urteil in keinem Moment in Frage stellt (II, 7, S. 35, V. 20). Seine ersten Worte geben uns den entscheidenden Hinweis auf seine Persönlichkeitsstruktur: „Verschmähet mich ob meiner Farbe nicht" (II, 1, S. 20, V.1).
Er **fühlt sich aufgrund seiner Hautfarbe** Porzia und der von ihr repräsentierten weißen Oberschicht **unterlegen**, verweist daher, um dieses Gefühl zu kompensieren, auf seine Heldentaten. Er fühlt sich einer blind waltenden Fortuna ausgeliefert (II, 1, S. 21, V. 36) – dass er ihr zum Opfer fällt, das falsche Kästchen auswählt, liegt daran, dass er sich in fest gefügten Denkschablonen bewegt, aus denen er nicht ausbrechen kann.

Arragons auffallendster Charakterzug ist, wie sein Name bereits andeutet, seine Arroganz. Auf das bleierne Kästchen verschwendet er keinen Gedanken, das unscheinbare Aussehen reicht ihm für sein Urteil (II, 9, S. 39, V. 22). Das Goldkästchen ist für ihn Anlass zu einigen bedenkenswerten Überlegungen: Er erkennt, dass der bloße Schein trügerisch ist, nichts über das Innere eines Menschen aussagt. Sein wahrer Grund für die Zurückweisung des goldenen Kätschen ist jedoch nicht diese richtige Erkenntnis, sondern die **Überzeugung von seiner Einmaligkeit** (II, 9, S. 39, V. 31 ff.). Anders sein zu wollen als die breite Masse ist das einzige Motiv für seine Wahl, wobei er jedoch keine menschlichen Werte repräsentiert, die diese Einstellung rechtfertigen würden.

Der Kreis der Venezianer umfasst neben den beiden Hauptgestalten Antonio und Bassanio auch **Salarino und Solanio**. Beide erscheinen gleich zu Beginn des Stückes im Gespräch mit Antonio; sie erwecken den Eindruck, dass sie Antonio die herausgehobene gesellschaftliche Stellung sowie seinen wirtschaftlichen Erfolg neiden. Dass sie in dramatischen Bildern die Gefahren beschwören, denen seine Schiffe ausgesetzt sind und die seinen Wohlstand bedrohen, kann, da sie ja um seine tiefe Niedergeschlagenheit wissen, nur so interpretiert werden.
Besonders aufschlussreich, ja geradezu entlarvend ist ihr Auftritt in der 1. Szene des 3. Aktes. Es erweist sich, dass sowohl Antonio als auch Shylock von Schicksalsschlägen getroffen worden sind – Antonio durch den Verlust eines Schiffes, Shylock durch die Flucht seiner Tochter. Antonios Lob durch die beiden klingt in seiner affektierten Form unaufrichtig, verlogen (I, 1, S. 42, Z. 14 ff.). Sie fühlen sich ausgeschlossen, wissen, dass sie **in der Hierarchie der Venezianer ganz unten** stehen. **Shylock gegenüber**, dem Angehörigen einer ausgegrenzten Minderheit, **fühlen sie sich überlegen** – ihn zu beleidigen gibt ihnen das Gefühl, zur herrschenden Schicht zu gehören. Sie schrecken vor keiner Rücksichtslosigkeit zurück, delektieren sich an der offensichtlichen

Qual des Juden - man darf sogar vermuten, dass sie ihn gezielt reizen, um ihn zum Äußersten zu treiben (III, 1, S. 43, Z. 39 f.).

Zu ihnen gesellt sich bereits in die 1. Szene **Graziano**, oberflächlich, schwatzhaft, oft unverschämt. Seine in Belmont unvermutet schnell geschlossene Hochzeit mit Nerissa lässt vermuten, dass er sich von Porzias Vertrauter finanzielle Vorteile erhofft - zumindest sind gefühlsmäßige Bindungen zwischen den beiden nicht erkennbar. Ihre Verbindung ist für die Interpretation der Beziehung zwischen Bassanio und Porzia wichtig - deren Ehe gründet nicht nur auf körperlicher Liebe und ist Ausdruck der Sehnsucht nach geistiger Harmonie.

Der **Eheschließung** zwischen **Lorenzo und Jessica** kommt in dem Drama besondere Bedeutung zu, stellt sich doch die Frage, ob durch Jessica und ihre Eingliederung in die Welt der Venezianer eine wirkliche Verbindung einander ablehnend gegenüberstehender Kulturkreise erreichbar ist. Um Jessicas Flucht aus dem Hause ihres Vaters richtig zu verstehen, muss man sich vor Augen führen, in welchem Umfeld sie aufgewachsen ist. Shylocks Welt ist für ein junges Mädchen bedrückend - Geld ist das beherrschende Thema, Misstrauen gegenüber jedermann prägt den Alltag. Tanzen, Lachen, jeder Ausdruck von Freude sind Jessica untersagt, vertrauliche Gespräche mit ihrer Mutter oder mit Geschwistern kann es nicht geben. Sie lebt abgeschlossen von allem, regelrecht eingeschlossen (II, 5, S. 31, V. 57 f.). Zuneigung zu ihrem Vater ist nicht erkennbar: Bei ihrer Flucht bestiehlt sie ihn schamlos, ist sogar noch stolz darauf, möglichst viel mitgehen zu lassen (II, 6, S. 33, V. 49 f.). Als man Shylock während einer Unterhaltung in Belmont wegen seiner Unnachgiebigkeit kritisiert, schlägt sie in die gleiche Kerbe wie seine Gegner, findet kein Wort des Verständnisses für ihn, lässt ihn, im Gegenteil, in einem besonders schlechten Licht erscheinen (III, 2, S. 54, V. 289 f.). Um aus ihrer Außenseiterposition in Belmont herauszukommen, zeigt sie ein auffallend angepasstes Verhalten, vergeblich, denn es ist offenkundig, dass sie niemals in die Welt Belmonts integriert sein wird. Porzia, die Hausherrin, reagiert vor ihrer Abreise auf Jessicas Wünsche höflich-distanziert, fast schon eisig: „Ich dank Euch für den Wunsch und bin geneigt,/Ihn Euch zurückzuwünschen." (III, 4, S. 58, V. 42 f.).

Aufhebung der Gegensätze zwischen Christen und Juden erweist sich als problematisch

Die in dem Paar Jessica – Lorenzo mögliche Aufhebung der Gegensätze zwischen Christen und Juden erweist sich als problematisch, was durch eine Analyse des 5. Aktes bestätigt wird. Jessicas Bemerkung: „Nie macht die liebliche Musik mich lustig." (V, 1, S. 80, V. 69) weist darauf hin, dass sie nicht in sich selbst ruht, dass ihr die innere Sicherheit fehlt, die die in Belmont lebenden Menschen auszeichnet. Sie steht immer noch unter dem Einfluss ihres Vaters, in dessen Haus Musik, überhaupt jede Form zwangloser Fröhlichkeit, verpönt waren.
Die von den beiden in ihrem Duett besungenen berühmten Liebespaare sind von Shakespeare nicht zufällig gewählt worden – keiner dieser Beziehungen war dauerhaftes Glück beschieden. Mit der Übergabe der Schenkungsurkunde am Schluss des Stückes ist Jessicas und Lorenzos finanzielle Zukunft zwar gesichert, die innere Überwindung der Gegensätze zwischen der Welt Shylocks und der der Venezianer ist jedoch nicht erkennbar.

Wenn Shakespeare in seinen Stücken Personen auf die Bühne stellt, die einen hohen Unterhaltungswert garantieren, so tut er dies sicherlich auch, weil er alle Publikumskreise ansprechen will, auch die sog. „groundlings", für die Theater im Wesentlichen bloßes Amüsement ist. Dies ist eine wichtige Funktion **Lanzelots**, des Shylock'schen Dieners.
Er lässt uns bei seinem Auftritt in der 2. Szene des 2. Aktes teilhaben an einem Gewissenskonflikt, der im Ansatz an die Moralitäten erinnert, hier in der Komödie allerdings rein spielerisch behandelt wird (II, 2, S. 21–22, Z. 1–34). Lanzelot stellt in dieser

2. Szene seinen Witz unter Beweis – auch Shylock gegenüber ist er nie um eine Antwort verlegen. **Die Komik der Szene ist aber nicht Selbstzweck**, denn innerhalb des dramatischen Zusammenhangs kommt ihr große Bedeutung zu. Ihre Stellung in der szenischen Abfolge, d. h. nach dem Gespräch zwischen Antonio, Bassanio und Shylock und vor Jessicas Entschluss zur Flucht, ist in zweierlei Hinsicht bedeutsam: Lanzelots Humor ist das Gegengewicht zu der von Shylock ausgehenden Bedrohung, sorgt dafür, dass der Komödiencharakter des Stückes nicht in den Hintergrund gedrängt wird („comic-relief"-Szene). Daneben ist sein Umgang mit seinem Vater für die Beurteilung von Jessicas Verhalten gegenüber ihrem Vater von Bedeutung. Man spürt, dass er den alten Gobbo gern hat, trotz des Schabernacks, den er mit ihm treibt, während Jessica sich ihres Vaters schämt, kein gutes Wort für ihn findet. Das direkte Nebeneinander von liebevollem Umgang zwischen Vater und Sohn und von Verachtung einer Tochter für ihren Vater verstärkt unsere kritische Einstellung gegenüber Jessica.

Lanzelots Humor als Gegengewicht zu der von Shylock ausgehenden Bedrohung

Porzia, reiche Herrin von Belmont, überrascht den Leser bei ihrem ersten Auftreten durch einen unerklärlichen Lebensüberdruss, der an Antonios schwermütige Stimmung zu Beginn des Stückes erinnert. Obwohl die Ausgangslage für beide gleich zu sein scheint, ist der Ton ihrer Klage weniger bedrückend als in seinem Fall: „meine kleine Person/ist dieser großen Welt überdrüssig." (I, 2, S. 10, V. 1 f.). So spricht niemand, der wirklich von tiefer Trauer erfüllt ist, vielmehr gewinnt man den Eindruck, dass hier jemand mit seinem Unbehagen an momentanen Gegebenheiten kokettiert. Ihre in Form von Sentenzen vorgebrachten Lebensweisheiten beschränken sich auf Allgemeinplätze, stellen nicht, wie im Falle Antonios, die menschliche Existenz in Frage. Grund ihrer Unzufriedenheit ist der letzte Wille ihres Vaters, der durch die von ihm angeordnete Kästchenwahl seiner Tochter jede Entscheidungsfreiheit bei der Wahl ihres Ehemannes genommen hat. Die traditionelle Rolle der Frau in einer von Männern dominierten Gesellschaft wird an ihr sichtbar – **wie sich Porzia aus diesem Rollenverständnis befreit, zeigen ihr Verhalten und ihre Entwicklung im Verlauf des Stückes.** Es ist nicht deutlich erkennbar, wie sich Porzia dem väterlichen Gesetz gegenüber stellen würde, falls ein von ihr innerlich abgelehnter Bewerber die richtige Wahl treffen würde. Ihr bisheriges sorgloses Leben ist mit dem Tode des Vaters beendet – sie selbst muss ihre Zukunft gestalten, gerät dabei aber möglicherweise in Konflikt mit väterlicher Autorität. Das Dilemma, in dem sie sich befindet und auf das Nerissa sie gezielt hinweist (I, 2, S. 13, V. 101 f.), spiegelt sich in widersprüchlichen Aussagen zu ihrem eventuellen Verhalten wieder: Ihr Hinweis, dass sie z. B. alles unternehmen würde, um nicht die Frau des leicht alkoholabhängigen jungen Deutschen zu werden (I, 2, S. 13, V. 96 f.), kontrastiert mit ihrer Versicherung, dass der letzte Wille ihres Vaters ihr absolut heilig sei (I, 2, S. 13, V. 116 f.).

Aus ihrer gereizten Stimmung heraus erklären sich teilweise ihre ironischen Kommentare zu einigen Bewerbern, Widerspiegelung nationaler Stereotypen. Ihre Bemerkungen zeigen Freude an ausgefallenen Vergleichen, Kenntnis der Philosophie (Heraklit) und Mythologie (Sibylla, Diana) des Altertums. Sie scheut nicht vor derbem Spott und Anzüglichkeiten zurück: „Ich fürchte sehr, seine gnädige Frau/Mutter hat es mit einem Schmied gehalten." (I, 2, S. 12, V. 47 f.).

Vertreter fremder Nationen werden ironisiert, sogar beleidigt – eine **nationalistische**, ja **rassistische Grundeinstellung** ist **bei Porzia** unverkennbar. Angehörigen anderer Gruppen begegnet sie mit unverhohlener Ablehnung, sie werden von ihr gewissermaßen auf die Stufe von Untermenschen gestellt: „Gott schuf ihn, also lasst ihn für einen Menschen gelten." (I, 2, S. 12, V. 57 f.) Ihr Kommentar zur falschen Wahl des farbigen Marocco ist reinster Rassismus:

rassistische Grundeinstellung

„So wähle jeder, der ihm ähnlich sieht." (II, 7, S. 36, V. 79). Derartige Äußerungen aus dem Munde Porzias, die ja in ihrer „Mercy"-Rede christliches Denken zur Richtschnur menschlichen Handelns erhebt, **machen sie zu einer in sich widersprüchlichen Gestalt**. Ihre Haltung ist Ausdruck der tief verwurzelten Abneigung gegen Menschen aus einem anderen Kulturkreis und anderer Hautfarbe. Nur Bassanio, wie Porzia selbst der herrschenden venezianischen Gesellschaftsschicht zugehörig, findet vor ihren Augen Gnade. Vor seiner Kästchenwahl belegen ihre einleitenden Worte ihre innere Unruhe (III, 2, S. 46, V. 1 ff.). Hier tritt uns eine junge Frau entgegen, die um ihr Lebensglück bangt, die sich jedoch scheut, ihre wahren Gefühle zu offenbaren. Die gesucht wirkende Ausdrucksweise, der komplizierte Satzbau entspringen dem Versuch, ihre Liebe zu bekennen und gleichzeitig, aus Gründen der Schicklichkeit, zu verbergen. Ihre gegenüber Marocco und Arragon gezeigte Arroganz ist verschwunden – Bassanios Wahl entscheidet über ihren weiteren Lebensweg. Der äußere Rahmen wird von ihr bewusst gestaltet: Die Musik und der Text des Liedes verhindern zum einen, dass der Vorgang stumm abläuft, da auf der Bühne eigentlich nichts geschieht, zum anderen enthält das Lied für Bassanio den Hinweis, nicht dem bloßen Augenschein zu trauen: „Tell me where is Fancy bred" – „Sagt, woher stammt Liebeslust?" (III, 2, S. 48, V. 63 ff.). Die „fancy", die bloße Verliebtheit, ist flüchtig, nur auf sinnliche Eindrücke beschränkt, von kurzer Dauer. Sie hat nichts mit der wahren Liebe, der „love" zu tun – für sie ist der innere Wert des Partners entscheidend. Das Äußere ist also nicht aussagekräftig, genauso wenig, wie die prächtig erscheinenden, Glück verheißenden silbernen oder goldenen Kästchen etwas über ihren wahren Inhalt aussagen.

innere Wandlung

Nach Bassanios erfolgreicher Wahl sehen wir eine Porzia, die eine innere Wandlung durchgemacht zu haben scheint. Spott und Angriffslust sind einer überraschenden Bescheidenheit gewichen; „Lord Bassanio"

soll ihr Leben bestimmen, ihm vertraut sie sich an, „ein unerzognes, ungelehrtes Mädchen" (III, 2, S. 50, V. 159), bereit, von Bassanio zu lernen als ihrem „Gemahl", „Führer", „König". Ihren gesamten Besitz übereignet sie ihm – in freier Entscheidung, aus tiefer Liebe zu ihm, akzeptiert sie nunmehr eine Unterordnung, zu der sie im Falle ihres Vaters nur bedingt bereit war.
Ihre Liebe zu Bassanio überträgt sie auch auf Antonio, der ihrem Manne wesensgleich ist (III, 4, S. 57, V. 14 f.). Um ihm zu helfen, beschließt sie am Ende des 3. Aktes, den Rechtsgelehrten Balthasar zu spielen. Sie weiß, dass sie in einer von Männern dominierten Gesellschaft ihr Ziel nur erreichen kann, wenn sie in die Rolle des Mannes schlüpft. Neben dieser pragmatischen Überlegung ist der reine **Spieltrieb, der die Frauengestalten der „mittleren Komödien" auszeichnet**, für Porzia ein ganz wichtiges Motiv. In der Verkleidung als Mann kann sie die Einschränkungen, die die Gesellschaft der Frau auferlegt – und die von Porzia akzeptiert werden – zeitweilig ablegen. Man spürt ihre unbändige Freude an diesem Spiel, wenn sie mit Nerissa über ihren Plan spricht (III, 4, S. 58–59, V. 63 ff.). Das spielerische Element, die lockere Art, Probleme im Rahmen zwischenmenschlicher Beziehungen aufzuzeigen und zu lösen, ist auch in der von Porzia arrangierten „Ringepisode" sichtbar. Schon als sie Bassanio den Ring als Unterpfand für die Dauerhaftigkeit ihrer Beziehung übergibt, wird erkennbar, dass sie etwas Besonderes im Schilde führt (III, 2, S. 50, V. 169 ff.).
„Opfer" ihres Übermuts, ihrer Lebensfreude wird dann tatsächlich ihr Ehemann, den sie nach dem erfolgreichen Prozess genötigt hatte, ihr, dem vermeintlichen Rechtsgelehrten, den Trauring zu schenken. Dieses Intermezzo, verstärkt durch das gleiche Spielchen Nerissas mit Graziano, hebt sich von der Unbeugsamkeit Shylocks ab und steht nicht zufällig genau nach seinem Abgang von der Bühne. Porzias Spiel mit Bassanio entbehrt jedoch nicht einer gewissen Ernsthaftigkeit, weist es doch darauf hin, dass auch die größte Harmonie in zwischenmenschlichen Beziehungen

gefährdet ist - wechselseitiges Vertrauen unterliegt einer ständigen Bewährungsprobe. Porzia, zu Beginn des Stückes durch die Entscheidung ihres Vaters persönlich eingeengt, hat sich durch den vermeintlichen Treuebruch ihres Mannes ihm gegenüber eine stärkere Position erworben und sie weiß sie auszunutzen. Bei der Rückkehr Grazianos, Antonios und Bassanios aus Venedig begrüßt sie ihren Mann in einer Art, die ihn im Hinblick auf die zukünftige eheliche Treue seiner Frau beunruhigen könnte - er muss sich fragen, welches der Anlass einer derartigen Bemerkung sein könnte: „Let me give light, but let me not be light," - „Gern möcht ich leuchten, doch nicht leicht erscheinen" (V, 1, S. 82, V. 129). Porzias Spiel mit der Doppelbedeutung des Wortes „light" - „Licht" und „leichtfertig" ist Beleg für ihre innere Gelöstheit.

Witz, Pfiffigkeit und Willensstärke

Durch Witz, Pfiffigkeit und Willensstärke ist es ihr gelungen, die traditionelle Geschlechterhierarchie, unter der sie als Tochter gelitten hatte, in das Gegenteil zu verkehren - statt, wie zu Beginn, männlichem Willen unterworfen zu sein, ist sie am Schluss zur dominierenden Figur des Stückes geworden.

In der Schlüsselszene des Dramas, dem Prozess in Venedig, stehen sich mit Shylock und Porzia zwei Menschen gegenüber, wie sie unterschiedlicher nicht sein können: auf der einen Seite der Vertreter einer diskriminierten jüdischen Minderheit mit seiner zweckgebundenen, materialistischen Einstellung zum Leben, auf der anderen Seite eine junge Frau aus der dominierenden christlichen Oberschicht, heiter, innerlich frei, ohne finanzielle Sorgen. Um Porzias Haltung innerhalb dieses Prozesses richtig einzuordnen, ist ein kurzer Vergleich mit dem Standpunkt des Dogen erforderlich. Er appelliert an Shylocks „Lieb' und Menschlichkeit" (IV, 1, S. 64, V. 25), ruft ihn also auf zur „humanitas", die ein Kennzeichen des Gentleman ist. Es ist eine rein **innerweltliche Menschlichkeit**, die für das Zusammenleben humanistisch gebildeter Menschen charakteristisch und erforderlich ist.

Porzia behandelt den Gedanken der Vergebung, der „mercy", auf einer gänzlich anderen Ebene als der Doge (IV, 1, S. 68–69, V. 187 ff.). Die letzten Zeilen ihres Monologs zeigen uns den gedanklichen Hintergrund von Porzias „mercy"-Begriff: „wir beten all um Gnade,/Und dies Gebet muss uns der Gnade Taten/Auch üben lehren" (IV, 1, S. 69, V. 203 f.).
Das Gebet, das sie hier anspricht, ist das Vaterunser: „Vergib uns unsere Schuld, wie auch wir vergeben unsern Schuldigern". Durch die Gnade Gottes, durch den Tod seines Sohnes, ist der Mensch von seinen Sünden erlöst worden. Gottes Gnade ist freie Liebestat, für uns Menschen unverdient: „Die Art der Gnade weiß von keinem Zwang" (IV, 1, S. 68, V. 187). Um sich der göttlichen Liebe würdig zu erweisen, sollen auch wir gegenüber unseren Mitmenschen zur Vergebung bereit sein – ebenfalls aus freier Entscheidung. Unsere Sündhaftigkeit erlaubt es uns nicht, auf Gerechtigkeit zu pochen, da wir vor Gott nie als gerecht dastehen können. **Porzia stellt** hier, in Anlehnung an die Bergpredigt, **dem alttestamentarischen Gedanken der Vergeltung das Vergebungsethos des Neuen Testaments entgegen (Matthäus V, 38–39).** Gottes Gnade ist nicht geknüpft an menschliches Verdienst, „sie träufelt wie des Himmels milder Regen/Zur Erde unter ihr" (IV, 1, S. 68, V. 188 f.). Der göttliche Charakter der Vergebung äußert sich darin, dass der Erweis von Gnade Gebende wie Nehmende segnet: „Sie segnet den, der gibt, und den, der nimmt" (V, 1, S. 68 V. 190). Er steht in keinem Zusammenhang mit Recht und Gerechtigkeit, ersichtlich auch daraus, dass Porzia mehrfach die Rechtmäßigkeit von Shylocks Forderung betont. In ihrer Rede wird das Paradoxe menschlicher Existenz erkennbar: In unserer Sündhaftigkeit bedürfen wir der göttlichen Vergebung, wir zeigen uns dieser Vergebung würdig, wenn wir selbst Gnade üben. Das von Porzia mit Vehemenz vertretene christliche Wertesystem wird im weiteren Verlauf der Szene von ihr selbst auf den Kopf gestellt, in einer Weise, die an Zynismus nicht mehr zu übertreffen ist: Nachdem sie nochmals die Rechtmäßigkeit von Shylocks An-

spruch betont hat (IV, 1, S. 70, V. 233 ff.), entwickelt sie eine unverhohlene Freude an seiner Erniedrigung. Für die Beurteilung von Porzias Charakter ist nicht die Frage entscheidend, ob ihre Argumente juristisch haltbar sind oder nicht. Die in der Sekundärliteratur oft benutzten Begriffe „Spitzfindigkeit" und „Pfiffigkeit" sind eine Verniedlichung dessen, was Porzia tatsächlich betreibt: Sie spielt mit den Gefühlen eines Menschen, der ihr hilflos ausgeliefert ist, betreibt systematisch seine Demütigung, wobei sie den Eindruck zu erwecken sucht, als beschränke sie sich auf die genaue Auslegung von Rechtsvorschriften (IV, 1, S. 70, V. 250 f.). Sie genießt es, im Mittelpunkt des Geschehens zu stehen, schauspielert und führt gleichzeitig Regie (IV, 1, S. 70, V. 258 ff.).

unverhohlene Freude an der Erniedrigung Shylocks

Triumphierend reagiert sie auf Shylocks Eingeständnis seiner Niederlage; ihre höhnischen Formulierungen zeigen eine bewusste Missachtung seiner Persönlichkeit, erniedrigen ihn ganz gezielt, bis er schließlich im wahrsten Sinne des Wortes ihr zu Füßen liegt und um Gnade winseln muss: „Halt!/Dem Juden alles Recht – still! keine Eil'!" (IV, 1, S. 72, V. 323 f.); „Was hält den Juden auf? Nimm deine Buße." (IV, 1, S. 73, V. 338); „Wart, Jude" (IV, 1, S. 73, V. 349); „Drum nieder, bitt um Gnade bei dem Doge!"(IV, 1, S. 74, V. 366). **Von ihr selbst hören wir kein Wort der Gnade** – ihre letzten Worte zu Shylock sind geradezu infam: „Bist du's zufrieden, Jude? Nun, was sagst du?" (IV, 1, S. 74, V. 396). Wie schon in ihrem Verhalten gegenüber dem farbigen Marocco oder der Jüdin Jessica belegt auch Porzias Behandlung Shylocks, dass Menschen anderer Hautfarbe, anderer Kulturen von ihr nicht akzeptiert werden. Das von ihr vor Gericht vertretene **christliche Vergebungsethos schließt** tatsächlich **nur Christen ein** – ein zutiefst unchristlicher Gedanke. Porzias unleugbare Großzügigkeit und Hilfsbereitschaft äußern sich nur gegenüber Mitgliedern der eigenen Gesellschaftsschicht.

Shylock, der Außenseiter

Shylock ist in dieser Welt der Außenseiter, eine Bedrohung, die ausgeschaltet werden muss. Innerhalb des Stückes ist er der mit Abstand komplexeste Charakter. In Venedig, wo kaufmännische Tüchtigkeit und Besitz über die gesellschaftliche Stellung des Einzelnen entscheiden, hat er es durch Geldverleih zu einem gewissen Wohlstand gebracht, von niemandem geliebt, aber unentbehrlich. Er weiß um den Wert des Geldes, den Einfluss, den es verleiht, und das erklärt seine Knauserigkeit, die grotesk wirkende Sorge um seinen Besitz (II, 5, S. 31, V. 56 ff.).

Sein erstes Erscheinen im Stück (I, 3) verrät den gewieften Geschäftsmann; im Gespräch mit Bassanio verbirgt er seine wahren Gedanken, bleibt völlig undurchsichtig, ungerührt. Seine Selbstbeherrschung ist umso bewundernswerter vor dem Hintergrund der im Verlauf der Szene deutlich werdenden permanenten Missachtung seiner Person in der Vergangenheit. Die Freude darüber, dass Christen als Bittsteller zu ihm kommen, unterdrückt er. Der ihm gesellschaftlich überlegene Bassanio wird in die Defensive gedrängt; nunmehr ist für Shylock der Augenblick gekommen, das gesamte Fundament, auf dem der Reichtum der Venezianer ruht, nämlich die gewaltige Handelsflotte und die weltweiten Geschäftsbeziehungen, in Frage zu stellen. Die stolzen Galeonen werden von Shylock ihrer Macht entkleidet, sie erscheinen als unbedeutend: „Aber Schiffe sind nur Bretter, Matrosen sind nur Menschen" (I, 3, S. 15, Z. 22). Er gibt sich kindlich naiv, spricht von „Landratten und Wasserraten, Wasserdieben und Landdieben" (I, 3, S. 15, Z. 23 f.), erweckt den Eindruck eines faselnden, senilen Greises, um Bassanios Aufmerksamkeit vom rein Geschäftlichen abzulenken – Sekunden später erweist er sich wieder als der nüchterne Rechner (I, 3, S. 15, Z. 30 ff.). Er vermeidet jede Festlegung, spannt Bassanio auf die Folter.

Die tiefe Kluft zwischen Shylock, dem Geldverleiher, und den christlichen venezianischen Kaufleuten offenbart sich auch im privaten Bereich: Eine Einladung Bassanios zum Essen lehnt er ab, die Fremdheit zwischen Juden und Christen wird von ihm betont (I, 3, S. 15, Z. 37 f.). Mit Antonios Erscheinen wird sofort deutlich, dass Juden und Christen nicht nur einander fremd sind, sondern dass Shylock den Kaufmann hasst – wie schon im Gespräch mit Bassanio verrät er nicht seine wahren Gefühle, die ihn Shakespeare in einem „Aside – Beiseitesprechen" äußern lässt (I, 3, S. 15–16, V. 44 ff.). Die Doppelbödigkeit seiner Rolle wird hiermit sichtbar, eine gewisse **Verschlagenheit**, so dass wir als Zuschauer in der Lage sind, seine Ausführungen gegenüber Antonio richtig einzuordnen. Es ist offensichtlich, dass er ihn hasst, als Mitglied der christlichen Glaubensgemeinschaft und auch als Konkurrenten im Geschäftsleben Venedigs. Antonios Vorbehalte gegen jede Art von Zinsgeschäften versucht er zu entkräften, indem er sich auf die Geschichte von Jakob und Laban bezieht (Genesis 30, 31–43). Shylock will beweisen, dass es sehr wohl gottgefällig ist, sein Eigentum durch Schläue zu vermehren, wenn man niemanden bestiehlt. Er will zwischen sich und Antonio ein Klima des Vertrauens schaffen, ist jedoch in Erinnerung an das, was der Kaufmann ihm in der Vergangenheit angetan hat, plötzlich nicht mehr in der Lage, sich zu beherrschen. Enttäuschung und Wut über erlittene Beleidigungen und Erniedrigungen brechen aus ihm heraus, die Erinnerung an die entwürdigende Behandlung übermannt ihn. Wir empfinden Mitgefühl mit ihm, Empörung erfasst uns beim Gedanken an das, was Menschen, die sich Christen nennen, ihm angetan haben (I, 3, S. 18, V.121 f.). Umso überraschter sind wir, als Shylock Antonio seine Freundschaft anbietet, um, so könnte man vermuten, einen Neuanfang zu wagen, gesellschaftliche Anerkennung zu gewinnen. Aber eingedenk seiner Äußerungen in dem „Aside" stellt sich die Frage, ob seine Freundschaftsbekundungen ernst zu nehmen sind oder lediglich den Versuch darstellen, Antonio zu übertölpeln. Auch wenn Shylock von einem „lustigen Vertrag" spricht, so sind doch die Vertragsbedingungen derart genau formuliert – „Lasst uns ein vol-

Doppelbödigkeit

les Pfund von Eurem Fleisch/zur Buße setzen, das ich schneiden dürfe/Aus welchem Teil von Eurem Leib ich will." (I, 3, S. 18, V. 157 ff.) –, dass wir überzeugt sind, dass er ganz gezielt vorgeht, um Antonio bedrohen zu können. **Festzuhalten ist, dass es ihm offensichtlich darum geht, Antonio wirtschaftlich zu schädigen – Mordabsichten sind auf keinen Fall erkennbar.** ‚If I can catch him once upon the hip" (I, 3, V. 41) ist ein Bild aus dem Ringsport und bedeutet „zu fassen bekommen und zu Fall bringen", nicht, wie es Schlegel übersetzt, „wenn ich ihm je vergebe" (I, 3, S. 15, V. 47).

In der Diskussion mit den Venezianern tritt uns der nüchtern rechnende, berechnende Geschäftsmann Shylock entgegen; die 2. Szene des 2. Aktes zeigt ihn uns aus der Sicht seines Dieners Lanzelot, wobei dessen Fremdkommentar für den Rezipienten insofern interessant ist, als er aus der Perspektive eines Menschen erfolgt, der nur privat mit Shylock zu tun hat. Sein Urteil über seinen Herrn bleibt sehr vage – wenn er Shylock einen wahren, eingefleischten Teufel nennt, so wird der Grund dafür nicht erkennbar. Dass er schlecht behandelt worden ist – „Ich bin ausgehungert in seinem Dienst" (II, 2, S. 24, Z. 122 f.) –, mag man ihm nicht abnehmen, denn als Shylock ihn wegen seines gesunden Appetits tadelt (II, 5, S. 30, V. 3 ff.), bleibt Lanzelot die Antwort schuldig. Bassanios Hinweis, dass Shylock seinen Diener ihm gegenüber empfohlen habe (II, 2, S. 26, Z. 166 f.), deutet eher auf eine gewisse Zuneigung Shylocks gegenüber Lanzelot hin. Wenn Jessica ihren Vater charakterisiert, so muss man auch ihr Urteil kritisch hinterfragen. Ihre Äußerung „Dies Haus ist Hölle" (II, 3, S. 28, V. 2) wird an keiner Stelle des Dramas von ihr begründet; natürlich ist Shylock ein Geizkragen, verschließt sein Haus aus Angst vor Dieben, aber seiner Tochter gegenüber zeigt er sich nicht als herzloser Vater: „Jessica, mein Kind" (II, 5, S. 30, V. 15). Er liebt seine Tochter, und als er während des Prozesses hört, wie bereitwillig Bassanio und Graziano ihre Ehefrauen für ihren Freund Antonio aufopfern würden (IV, 1, S. 71, V. 285 ff.), ergreift ihn Sorge um seine mit einem Christen verheiratete Tochter (IV, 1, S. 71, V. 298 ff.). Das oft als Beispiel für seine Gefühlskälte gegenüber Jessica angeführte Gespräch mit Tubal muss aus der Erregung des Augenblicks verstanden werden (III, 1, S. 44, Z. 99 f.). **Aus der Gesellschaft ausgegliedert, von den Christen verachtet, hat er sich in die Familie zurückgezogen**; seiner Frau Leah fühlt er sich auch nach ihrem Tode verbunden, ist erschüttert darüber, dass Jessica den Ring, den er von Leah erhalten hatte, verscherbelt hat (III, 1, S. 45, Z. 132 f.). Shylocks Verzweiflung nach der Flucht seiner Tochter rührt den Leser, denn seine Trauer ist unserer Meinung nach nicht bedingt durch Gedanken an finanzielle Verluste – hier spricht ein Vater, der einen Teil seines Lebenssinnes verloren hat. Nach Jessicas Flucht, nach seiner Verspottung durch die beiden Venezianer bricht die Wut eines ewig gequälten, erniedrigten Menschen aus ihm heraus, unkontrolliert – er ist zu allem entschlossen (III, 1, S. 43–44, Z. 34 ff.). Im Verlauf der Rede führt Shylock Beispiele an, die die Gleichheit von Christen und Juden belegen sollen; sie beziehen sich anfänglich auf den rein physischen Bereich, so dass man ihm als Leser in den von ihm angesprochenen Punkten zustimmt. Plötzlich setzt er seine Argumentation auf einer gänzlich anderen Ebene fort: „Und wenn ihr uns beleidigt, sollen wir uns nicht rächen" (III, 2, S. 44, Z. 74/75) – der Begriff der „Rache" gehört in den ethischen, theologischen Bereich. Aus der Tatsache, dass man ungerecht behandelt worden ist, ergibt sich für den Menschen nicht das Recht auf Vergeltung. Shylocks Rachsucht ist reine Privatsache, er repräsentiert nicht ein Rechtsgefühl alttestamentarischer Herkunft, ist nicht der typische Vertreter einer bestimmten Rasse. Was **zu Beginn** als eher abstrakte Möglichkeit, als Wunschvorstellung erscheint, nämlich **Antonio** zu **schädigen,** ist seiner finsteren **Entschlossenheit, Antonio zu töten**, gewichen: „Ich will sein Herz haben, wenn er verfällt" (III, 1, S. 45, Z. 139). Ausschlaggebend für diese Brutalisierung Shylocks ist die Flucht seiner Tochter, die ihm jeden in-

Brutalisierung Shylocks

neren Halt genommen hat. Aus der anfänglichen Animosität gegenüber Antonio ist reine Mordlust geworden – dieser Shylock wird niemals nachgeben. Bitten Antonios um ein Gespräch erteilt er eine Abfuhr – nichts wird ihn auf dem einmal beschrittenen Weg aufhalten: „Du nanntest Hund mich, eh' du Grund gehabt:/ Bin ich ein Hund, so meide meine Zähne." (III, 3, S. 56, V. 6 f.). Aus eigenem Antrieb hat er sich aus der Welt des zivilen Zusammenlebens entfernt, hat sich selbst zum Tier gemacht. In diesen Zusammenhang passt sein Verhalten im Verlauf des Prozesses: Das Wetzen des Messers als Vorbereitung zur Vollstreckung des Urteil bereitet ihm eine sadistische Freude (IV, 1, S. 66, V. 121 f.), das Hinzuziehen eines Arztes lehnt er ungerührt ab (IV, 1, S. 70, V. 260 f.).

Shylock, dem man über Jahre die Gleichheit innerhalb der Gesellschaft verweigert hat, klagt vor Gericht sein Recht ein. Aber es geht ihm nicht nur um seine eigene Person: Das gesamte Gesellschaftssystem Venedigs, die Fundamente, auf denen die Wirtschaftskraft Venedigs ruht, werden von ihm in Frage gestellt: „Ihr habt viel feiler Sklaven unter Euch,/Die Ihr wie Eure Esel, Hund' und Maultier'/In sklavischem, verworfnem Dienst gebraucht" (IV, 1, S. 65–66, V. 90 f.). Mit seiner Anklage, die elementarsten Menschenrechte zu verletzen, hat er Venedig in seinem Nerv getroffen. Ein Staat, der sein Rechtssystem als beispielhaft ansieht, der seine christlichen Grundwerte betont (IV, 1, S. 74, V. 371), der aber gleichzeitig einen Teil seiner Bürger in Leibeigenschaft hält, sie zu Tieren degradiert, um das Wirtschaftswachstum zu sichern, ein derartiger Staat hat nicht mehr die Legitimation, über andere zu richten. Interessant ist, dass der Doge, Repräsentant dieses Staates, auf Shylocks anklagende Worte nicht antwortet, sondern die Sitzung unterbricht, um Porzia Gelegenheit für ihren Auftritt zu geben. Shylock verlässt das Gericht als gebrochener Mann: „Ich bitt, erlaubt mir, weg von hier zu gehn:/ Ich bin nicht wohl" (IV, 1, S. 74, V. 391 f.). **Der Leser bleibt in seinen Gefühlen gegenüber Shylock gespalten**: Wir erschrecken vor seiner Unbeugsamkeit, vor seiner besonders im Prozess sichtbar werdenden Hartherzigkeit, begrüßen daher seine Niederlage; wir sehen aber auch den Menschen Shylock im Umgang mit seiner Tochter, respektieren seine Gefühle für Leah, werden Zeuge der Beleidigungen und Demütigungen, die er erdulden muss.

Ambivalenz

Die gleiche **Ambivalenz zeigt sich bei den Venezianern und bei Porzia. Antonio** missachtet den Juden Shylock, beleidigt ihn, bespeit ihn, findet dann jedoch im Verlauf des Stückes zu einer verständnisvolleren Haltung. **Bassanio** wirbt um Porzia aus Liebe, allerdings beeinflussen auch finanzielle Überlegungen seine Wahl. **Porzia** erweckt unsere Sympathie durch ihren Witz, ihre Hilfsbereitschaft, ihre Liebe zu Bassanio; ihr Hochmut aber gegenüber Marocco, ihre Demütigung Shylocks im Anschluss an ihre „Mercy"-Rede machen aus ihr sicherlich nicht eine wirklich positive Heldin.
Das von Shakespeare bewusst heiter gestaltete Belmont stellt, wie auch die Lanzelot-Handlung, ein wirksames Gegengewicht gegen die düstere Welt Shylocks dar, verhindert, dass die Komödie ins Tragische umschlägt. Alle Disharmonien der Menschenwelt scheinen aufgelöst in der Sphärenharmonie des Kosmos „Mark the music". (In Lorenzos Rede zeigt sich, dass die zwischenmenschliche Harmonie, der Mikrokosmos, eine Spiegelung des als harmonisch aufgefassten Makrokosmos ist. Lorenzo deutet Jessica den Sternenhimmel in diesem Sinne: Die Engel musizieren in unsagbarer Harmonie, und irdische Musik lässt uns Menschen bis zu einem gewissen Grade an dieser Harmonie des Kosmos, der Sphärenharmonie teilhaben: „Mark the music – Horch auf die Musik" (V. 1, S. 80, V. 88).) Jedoch vermittelt uns das Stück sehr oft den Eindruck menschlicher Schwäche, menschlichen Ungenügens, so dass man nicht von einem versöhnlich-heiteren Ende sprechen kann.

2.5 Sachliche und sprachliche Erläuterungen

Venedig hatte seit dem 10. Jahrhundert seinen Einflussbereich kontinuierlich ausgeweitet. Zusammen mit Genua wurde es zur herrschenden Wirtschafts- und Seemacht, gewann im Verlauf des 4. Kreuzzuges, der unter der Führung des Dogen Dandolo 1202–1204 stattfand, Kreta und die Halbinsel Morea. Der Stadtstaat unterwarf sich den Nordosten des italienischen Festlandes mit Verona, Padua, Bergamo, Ravenna und erreichte mit der Eingliederung Zyperns 1489 seinen wirtschaftlichen Höhepunkt. Damit einher ging eine beeindruckende kulturelle Blüte, die Venedig zu einem Zentrum des italienischen Humanismus (Aldus Manutius) und der Kunst (Tizian, Giorgione, Tintoretto) machte. Die Verlagerung des Welthandels in den Atlantischen Ozean und die ständigen Auseinandersetzungen mit dem Osmanischen Reich schwächten die alte Handelsstadt entscheidend: 1571 ging Zypern verloren, 1669 Kreta. Venedig genoss im England Shakespeares hohes Ansehen, zum einen wegen seiner verfassungsmäßig garantierten Gleichheit aller Bürger vor dem Gesetz, zum anderen wegen seines Abwehrkampfes gegen die Türkei. Die Besetzung durch Napoleon im Jahre 1797 bedeutete das Ende der Republik Venedig.

Akt I

Szene 1

V. 50 *beim zweiköpf'gen Janus*: römischer Gott, Wächter der Tore – wurde mit einem lachenden und finsteren Gesicht dargestellt als Hinweis auf die zwei Seiten einer Tür.

V. 53 *wie'n Starmatz über einen Dudelsack:* im Original „parrot" – „Papagei" – der alberne Papagei lacht über die klagenden Töne des Dudelsacks, zeigt also ein unangemessenes Verhalten.

V. 56	*Schwür' Nestor auch, der Spaß sei lachenswert*: Nestor nahm als Greis am Trojanischen Krieg teil – er galt als besonders weise und ernst.
V. 77	*Mir gilt die Welt nur wie die Welt*: Ich betrachte die Welt so, wie sie ist.
V. 99	*sie brächten die Ohren, die sie hörten, in Verdammnis*: bezieht sich auf Matthäus 5, 22: „Wer aber zu seinem Bruder sagt: du Narr, der ist des höllischen Feuers schuldig".
V.102	*Nach diesem Narren-Gründling, diesem Schein*: Der Gründling ist ein wertloser Fisch – der äußere Schein ist ebenfalls wertlos bei der Beurteilung eines Menschen.
V. 166	*Catos Tochter, Brutus' Porzia*: Gattin des Caesarmörders Brutus, die sich durch Unerschrockenheit und Tugendhaftigkeit auszeichnete.
V. 170 f.	*wie ein goldnes Vlies: Zu Kolchos Strande macht es Belmonts Sitz*: In der Argonautensage begibt sich Iason mit fünfzig Kriegern auf die Suche nach dem Goldenen Vlies, das sich in Kolchis am Schwarzen Meer befand.

Szene 2

Z. 53	*es wird der weinende Philosoph aus ihm*: Es handelt sich um Heraklit aus Ephesos (~ 500 v. Chr.), der als menschenhassender Sonderling und Melancholiker galt.
Z. 88	*der Franzose ward sein Bürge*: Im Konfliktfall unterstützten die Franzosen die Schotten gegen die Engländer.
Z. 116	*Sibylla*: Priesterin und Wahrsagerin, die neun Menschenleben von je 110 Jahren alt wurde.
Z. 117	*Diana*: jungfräuliche Göttin der Jagd und des Bogenschießens

Szene 3

Z. 34	*von der Behausung zu essen, wo Euer Prophet, der Nazarener, den Teufel hineinbeschwor*: es handelt sich um den für Juden verbotenen Genuss von Schweinefleisch. Shylock bezieht sich auf Matthäus 8, 29–32: Jesus jagt die Geister zweier Teufel in eine Herde Säue, die im Meer ersaufen.
Z. 40	*Rialto*: Geschäftszentrum Venedigs
Z. 83	*gebt Acht, was Jakob tat:* Die Geschichte, auf die Shylock anspielt, findet sich in 1. Mose 30, 32–43.
V. 139	*Vom Freund Ertrag für unfruchtbar Metall*: Aristoteles bezeichnete Gold und Geld als unfruchtbar, da es sich nicht auf natürliche Weise vermehrt.
Z. 173	*Fleisch von Schöpsen:* Hammelfleisch

Akt II

Szene 1

V. 5	*Wo Phöbus' Glut die Zacken Eis kaum schmelzt*: Phöbus, der Sonnengott
V. 25	*Den Sophi schlug*: den Schah schlug.
V. 26	*Sultan Soliman*: Suleiman II, türkischer Sultan (1520–1566)
V. 32	*Wenn Herkules und Lichas Würfel spielen*: Ein Würfelspiel zwischen Herkules und seinem Diener Lichas wird in der Mythologie nicht erwähnt.

Szene 2

Z. 71	*drei Schwestern*: Parzen (Schicksalsgöttinnen)
Z. 145	*Deklination*: Neigung
Z. 158	*das Gesuch interzediert mich*: Das Gesuch ist für mich interessant.

Z. 163	*opponieren*: anbieten
Z. 172	*Ihr habt die Gnade Gottes, und er hat genug*: 2. Korinther 12, 9: „Lass dir an meiner Gnade genügen".

Szene 5

V. 47	*Hagar*: Abrahams Nebenfrau – ihr Sohn war ein Spötter (1. Mose 21, 9 ff.).

Szene 6

V. 6	*Venus' Tauben*: Seit dem 7. Jahrhundert v. Chr. wurde Venus oft mit Tauben dargestellt.
V. 38	*Kupido*: Gott der Liebe und der Fruchtbarkeit (gr. Eros); schoss mit seinen Pfeilen auf Menschen und Götter, worauf diese sich verliebten.

Szene 7

V. 41	*Hyrkaniens Wüsten*: geografisch nicht lokalisierbar; einige Kommentatoren siedeln sie südlich des Kaspischen Meeres an.

Szene 8

V. 16	*o mein' christliche Dukaten*: Geld, das Shylock bei Geschäften mit den Christen verdient hat.

Akt III

Szene 1

V. 4	*Goodwins*: im Ärmelkanal gelegen

Szene 2

V. 44/45	*end' er schwanengleich, hinsterbend in Musik*: Man glaubte, Schwäne sängen vor ihrem Tod.

V. 55	*Alcides*: Herakles (lat. Hercules)
V. 55 f.	*da er den Tribut der Jungfrau löste*: Hesione, Tochter des trojanischen Königs Laomedon, wurde durch Herakles gerettet, der das von Poseidon geschickte Seeungeheuer, dem sie geopfert werden sollte, tötete.
V. 58	*Die dort von fern sind die Dardanschen Frauen*: Ebenso wie die Königstochter Hesione sieht sich auch Porzia dem Tode nahe; Hesione war von den Trojanerinnen – die Trojaner wurden auch Dardaner genannt – umgeben, Porzia von ihrem weiblichen Gefolge.
V. 85	*Mars*: römischer Kriegsgott
V. 87	*des Mutes Auswuchs*: bezeichnet die männliche Behaarung.
V. 98 f.	*der schöne Schleier, der Indiens Schönen birgt*: Diese Erwähnung von „Indiens Schönen" ist abwertend gemeint; das weibliche Schönheitsideal der Elisibethaner war die hellhäutige, blonde Frau.
V. 102	des *Midas harte Kost*: Was Midas berührte, verwandelte sich in Gold.
V. 117	*oder schwebend auf der meinen Wölbung*: ein beliebtes Bild der Elisabethanischen Liebesdichtung – Augen und Gesicht Porzias spiegeln sich in Bassanios Augen.
V. 268	*Barbarei*: Nordafrika, Land der Berber

Szene 5

Z. 1–3	*die Sünden der Väter sollen an den Kindern heimgesucht werden*: Bezug auf Mose 2, Kap. 20, 5
Z. 20/21	*Scylla – Charybdis*: Die Scylla, ein Ungeheuer, hauste in einer Höhle in der Straße von Messina und verschlang die Seeleute, die dem gegenüberliegenden Felsenschlund Charybdis zu entkommen suchten.

Akt IV

Szene 1

V. 62 *ein mir nachteilig Recht an ihm verfolge*: nachteilig deshalb, weil er sich entschlossen hat, die ihm zustehenden 3000 Dukaten auszuschlagen.

V. 123 *an deiner Seel', an deiner Sohle nicht*: Nur im Englischen „Not on thy sole – but on thy soul" ist durch die Homonyme „sole" und „soul" dieses Wortspiel möglich.

V. 131 *Dass ich es halte mit Pythagoras*: Pythagoras (6. Jh. v. Chr.), griechischer Mathematiker, glaubte an die Seelenwanderung.

V. 227 *Ein Daniel kommt zu richten, ja ein Daniel!*: In den Apokryphen des Alten Testaments findet sich die Geschichte von Daniel und Susanna: Daniel gelang es durch geschicktes Befragen zweier Ankläger, Susanna vom Vorwurf des Ehebruchs freizusprechen.

V. 299 *Wär' irgendwer vom Stamm des Barrabas*: Barrabas war wegen Aufruhrs verurteilt worden.

V. 403 *Wär' ich dein Richter, kriegtest du zehn mehr*: d. h. eine zwölfköpfige Jury, durch die Shylock zum Tode verurteilt worden wäre.

V. 423 *Ich bitt Euch, kennt mich, wenn wir mal uns treffen*: Diese Bemerkung ist nur für Porzia, Nerissa und das Publikum verständlich; sie weist auf die Auflösung der Ringepisode im 5. Akt hin.

Akt V

Szene 1

V. 4/6 *Troilus – Cressida*: Troilus ist der Sohn des trojanischen Königspaars Priamos und Hekabe; er liebte Cressida, deren Vater Kalchas zu den Griechen überwechselte und seine Tochter nachkommen ließ. Cressida wurde Troilus untreu, begann ein Verhältnis mit einem Griechen. Der Stoff inspirierte Shakespeare zu seiner Tragikomödie *Troilus and Cressida.*

V. 7 *Thisbe*: Pyramos und Thisbe, babylonisches Liebespaar, deren Eltern eine Heirat verhindern wollten. Sie verabredeten sich heimlich außerhalb der Stadt; Thisbe musste vor einer Löwin mit blutigem Maul fliehen, verlor dabei ihren Schleier, den die Löwin mit Blut befleckte. Pyramos fand ihn, hielt seine Freundin für tot und stürzte sich in sein Schwert. Thisbe erblickte bei ihrer Rückkehr den toten Freund und tötete sich ebenfalls.

V. 10 *Dido*: Dido war die Gründerin und Königin von Karthago. Vergil berichtet in seiner *Aeneis*, dass Aeneas von einem Sturm bei Karthago an die Küste getrieben wurde. Er verliebte sich in sie, musste jedoch Karthago auf Befehl des Zeus verlassen, um in Italien ein Reich zu gründen. Dido verbrannte sich.

V. 13/14 *Medea – Äson*: Die Sage berichtet von Medeas magischen Kräften, dank derer sie Äson, Jasons Vater, verjüngte.

V. 87 *Erebus*: Unterwelt

V. 109 *Luna schläft ja beim Endymion*: Endymion war der Geliebte der Mondgöttin Luna.

V. 128 *Antipoden*: Bewohner der entgegengesetzten Seite der Erdkugel

V. 230 *Argus*: Der Hirte Argus bewachte mit seinen hundert Augen Io, Priesterin der Hera, der Gattin des Zeus.

2.6 Stil und Sprache

Sprache hat im Werke Shakespeares eine umfassendere Funktion als nur die Charakterisierung einer Person. Durch die Sprache schafft der Autor die besondere Atmosphäre eines Stückes, er setzt sie ein, um Zukünftiges anzudeuten, um die Entwicklung einer Person sichtbar zu machen.

Gleich die ersten Zeilen des Dramas zeigen uns die Unsicherheit und Mutlosigkeit Antonios, die das ganze Stück durchziehen wird und dem Leser eine Art Vorahnung in Bezug auf künftiges Geschehen gibt: „Fürwahr, ich weiß nicht, was mich traurig macht:/Ich bin **es** satt; ... Doch wie ich dran kam, wie mir'**s** angeweht,/Von was für Stoff **es** ist, ..." (I, 1, S. 5, V. 1 f.).

Die dreimalige Wiederholung des „**es**" erweckt den Eindruck einer drohenden Gefahr.

Salarinos Beschreibung der sich auf See befindenden Schiffe deutet Unwägbarkeiten an und setzt gleichzeitig den Rahmen für die Handlung des Stückes: Das Schicksal Antonios hängt von seinem Handelsglück ab, das ständiger Bedrohung ausgesetzt ist. Die von Salarino verwendeten Bilder lassen den Leser Böses ahnen – während die erste Zeile „Mein Hauch, der meine Suppe kühlte ..." (II, 1, S. 5, V. 22) uns noch zum Schmunzeln bringt, setzt sich die dann folgende Beschreibung einer möglichen Schiffskatastrophe im Leser fest (I, 1, S. 6, V. 23 f.), wobei dieses bedrohliche Szenario durch das Wort „Grab" und den Gedanken an den Tod verstärkt wird. Das Bild von der „Sanduhr", (I, 1, S. 6, V. 25) lässt an das verrinnende Leben denken. Dieser dramatische Auftakt, den der Zuschauer bzw. Leser noch nicht einzuordnen vermag, weckt sein Interesse, insbesondere hinsichtlich Antonios Schicksal. Sein Augenmerk richtet sich einige Zeilen weiter verstärkt auf Antonio, der uns mit seinem Bild von der Welt als Bühne und der traurigen Rolle, die er zu spielen hat, an eine tragische Entwicklung denken lässt (I, 1, S. 7, V. 77 f.), ein Eindruck, der allerdings durch die Sorglosigkeit

dramatischer Auftakt

seines Freundes Graziano relativiert wird (I, 1, S. 7, V. 79). Bevor die Handlung wirklich beginnt, kristallisiert sich durch diese Kontrapunktik ein Geschehen heraus, in dessen Verlauf Antonio eventuell gefährdet, nicht aber untergehen wird.
Während Shakespeare in der ersten Szene durch ausgreifende Bilder einen Eindruck von Weite, Reichtum und Gefahr vor uns entstehen lässt, schafft er in der ersten Szene des 5. Aktes eine Wortkulisse, „word-scenery", die dem augenblicklichen Geschehen angemessen ist. Wie bereits erwähnt, wurde auf der Shakespearebühne am helllichten Tage gespielt; die Nachtszene zwischen Jessica und Lorenzo, wie sie von Shakespeare mittels der Sprache geschaffen wird, könnte stimmungsvoller nicht sein: „Wie süß das Mondlicht auf dem Hügel schläft!//... Sieh, wie die Himmelsflur/ Ist eingelegt mit Scheiben lichten Goldes!" (V, 1, S. 80, V. 54 f.) Über den beiden Liebenden wölbt sich der Sternenhimmel; es wird der Bezug zu der Welt des Transzendenten hergestellt – Lorenzos Ausführungen zur Harmonie der Sphären erwachsen aus den vorangehenden Bildern und ergeben das Gefühl einer harmonischen Welt. In dieser Szene kann von einer wirklichen Charakterisierung der handelnden Personen durch ihre Sprechweise nicht die Rede sein, denn die Sprache wird völlig von der Situation geprägt.

Sprache von der Situation geprägt

An anderen Stellen im Stück kennzeichnet Shakespeare die Personen durch ihren Wortschatz und ihre Diktion. Die Einsilbigkeit Antonios ist Ausdruck seiner unerklärlichen Melancholie; sie fällt besonders im Kontrast zu Grazianos Mitteilungsbedürfnis ins Auge. Wie bei den übrigen Venezianern dient auch bei Graziano Sprache nicht nur der reinen Information. Sie ist als Ausdruck des Menschenbildes der Renaissance zu interpretieren: Man spricht gewählt aus rein ästhetischen Gründen und erweist sich damit als der führenden Gesellschaftsschicht zugehörig, für die Leben persönliche Entfaltung in einem höfisch-aristokratischen Rahmen bedeutet. In der Sprache ihrer Mitglieder zeigt sich vor allem der Einfluss John Lylys. In seinen beiden Werken *Euphues, or the Anatomy of*

Wit (1578) und *Euphues and his England* (1580) schafft er eine Kunstsprache, den sog. **Euphuismus**. Es handelt sich um eine **überspitzte Form der Rhetorik**, charakterisiert durch **hypotaktischen Satzbau:** *„Nerissa: ... also wird die Lotterie, die er mit diesen drei Kästchen von Gold, Silber und Blei ausgesonnen hat, dass der, welcher seine Meinung trifft, Euch erhält, ohne Zweifel von niemandem recht getroffen werden, als von einem, der Euch recht liebt."* (I, 2, S. 11, Z. 33 f.), **Antithesen, Chiasmus**: *„Porzia: Ich kann weder wählen, wen ich will, noch ausschlagen, wen ich nicht mag: So wird der Wille einer lebenden Tochter durch den letzten Willen eines toten Vaters gefesselt."* (I, 2, S. 11, Z. 25 f.)

Kunstsprache

Es handelt sich um einen **dekorativen Stil**, geschmückt durch zahlreiche **Vergleiche aus der Antike** und den **Naturwissenschaften**, mit einer besonderen Vorliebe für **Wortspiele**: „Nerissa: it is no mean happiness therefore to be seated in the mean" – „es ist also kein mittelmäßiges Los, im Mittelstande zu sein" (I, 2, S. 11, Z. 7 f.). Dieses spielerische Umgehen mit der Sprache zeigt sich sowohl in den in Prosa abgefassten Szenen, die in einem eher familiären Rahmen spielen (z. B. I, 2), als auch in den Textabschnitten, in denen der **Blankvers**, dem Ernst der Situation angemessen, Verwendung findet (III, 2). Normalerweise unterhalten sich die Vertreter der Oberschicht in Versen, während z. B. der Clown Lanzelot und sein Vater Gobbo durchgehend Prosa sprechen.

Dort, wo die handelnden Personen in inhaltlich vergleichbaren Situationen auftreten, ist eine Analyse ihrer sprachlichen Mittel von besonderem Interesse. So unterscheiden sich z. B. Marocco und Arragon durch ihren ausgeprägten individuellen Sprachstil. **Maroccos Sprache** ist gekennzeichnet durch eine Fülle leidenschaftlicher Bilder, die assoziativ aneinander gereiht werden, sich überstürzen. Seine hyperbolisch weit ausholenden Metaphern, Steigerungen, Superlative, das sprunghafte Übergehen von einem Gedanken auf den anderen zeigen seine imaginative Natur (II, 1,

S. 21, V. 27 f.). Die Wildheit des Meeres lässt er vor uns erstehen, ausgedehnte Wüsten, die Weite Arabiens – seine exotische Herkunft zeigt sich in seiner Sprache, die nicht intellektuell gesteuert, sondern Ausdruck seiner sinnlichen Entzündbarkeit ist.

Sein Mitbewerber, der **Prinz von Arragon**, drückt sich sachlich-nüchtern aus, zeigt keine Gefühle, sondern analysiert distanziert die Situation, mit der er konfrontiert ist; der ausgewogene Satzbau, die klare gedankliche Gliederung sind bezeichnend für ihn (II, 9, S. 38–39, V. 9 f.). Seine Sprache ist zweckgerichtet, gradlinig, reflexiv; allgemeine Aussagen zur Situation des Menschen verraten seinen Mangel an Leidenschaft. Parallelismus und Anapher unterstreichen den Charakter der Lehrhaftigkeit – persönliches Betroffensein wie im Falle Maroccos ist bei ihm nicht erkennbar (II, 9, S. 39, V. 39 ff.).

Bassanios Sprache belegt seine innere Entwicklung

Bassanios Sprache belegt seine innere Entwicklung. Zunächst bewegt sich seine Beschreibung Porzias im Rahmen des konventionellen Sonett-Stils der Zeit: Die Vergleiche sind bewusst ausgefallen, um die Einmaligkeit seiner Gefühle für die Geliebte auszudrücken: „Hier sind erschlossne Lippen,/Die Nektar-Odem trennt ..." (III, 2, S. 49, V. 118 f.). Der Satzbau ist kunstvoll, Parallelismus und Anapher lassen wenig Raum für wirklich persönliches Empfinden, die chiastische Anordnung der Vergleichsglieder steht für eine hoch komplizierte, alle Mittel der Rhetorik einsetzende Redeweise: „Doch seht, so weit/Die Wahrheit meines Lobes diesem Schatten/Zu nahe tut, da es ihn unterschätzt,/So weit lässt diesen Schatten hinter sich/Die Wahrheit selbst zurück." (III, 2, S. 49, V. 127 f.) Erst im Verlauf dieser Szene verlässt Bassanio diesen Rahmen hoch stilisierter Rhetorik, findet zu einer schlichten Ausdrucksweise, die deutlich macht, wie tief er für Porzia empfindet: „Verwirrung ist in meinen Lebensgeistern,/ .... /Wo jedes Etwas, ineinander fließend,/Zu einem Chaos wird von nichts als Freude,/Laut und doch sprachlos." (III, 2, S. 51, V. 177 f.)

In der Welt der Venezianer ist **Shylock** in seiner kulturellen Andersartigkeit ein Fremdkörper, was Shakespeare durch eine ihm eigene Sprache betont. Seine ersten Worte zu Beginn der dritten Szene des 1. Aktes – „Dreitausend Dukaten – gut." – führen uns leitmotivisch in seine Welt. Nüchternheit kennzeichnet seine Sprache: Die Ellipse, das Fehlen von Nebensätzen, führt zu einem stakkatohaften Rhythmus, sein echohaftes Sprechen zögert seine Antwort hinaus. Das von ihm mehrfach benutzte „gut" hat eine eingeschränkte Konnotation, bezieht sich lediglich auf Antonios finanzielle Lage. Shylocks vorsichtiges Abwägen zeigt sich in seiner Wortwahl: „ich denke, ich kann seine Bürgschaft annehmen" (I, 3, S. 15, Z. 27 f.). Seine **Sprache** in den ersten 32 Zeilen der Szene ist **zweckgerichtet, materialistisch** – sie **verheimlicht**, gewährt uns keinen Einblick in seine Gedanken. Im Gespräch mit Antonio erweckt er den Anschein, als interessiere ihn das Geschäft nicht: „Ja, ja, dreitausend Dukaten. ... Ja, das vergaß ich – auf drei Monat also." (I, 3, S. 16, V. 69 f.) Am Schluss der Szene behandelt er Antonio, der sich ihm überlegen dünkte, als eine Art „Unperson": „Ihm zu Gefallen biet ich diesen Dienst:/Wenn er ihn annimmt, gut; wo nicht, lebt wohl" (I, 3, S. 19, V. 176 f.).
Bei seinem nächsten Auftritt (II, 5) begegnet uns Shylock in seiner privaten Welt, im Gespräch mit seinem Diener und seiner Tochter. Seine Sprache ist z. T. wiederum für einen nüchtern rechnenden Geschäftsmann charakteristisch: „Acht auf mein Haus" (V. 16), „verschließ die Tür" (V. 30). Jede Art der Zerstreuung wird von Shylock mit abwertenden Begriffen belegt, Spiel und Fröhlichkeit haben keinen Platz in seinem Leben – zornig-erregt wirken seine Ausrufe: „Was? gibt es Masken?" (II, 5, S. 31, V. 29). Musik ist für ihn „... Gequäk der quergehalsten Pfeife" (II, 5, S. 31, V. 31). Shylock ist jedoch nicht auf einen einzigen Charakterzug festgelegt; **im Gespräch mit Jessica** verrät er eine für den Leser überraschende **Müdigkeit, Resignation**: „Da hast du meine Schlüssel, Jessica. Zwar weiß ich nicht, warum ich geh:// Ich geh recht wider Willen" (II, 5, S. 30, V. 12 f.) – es ist die Worte eines Mannes,

der sich aus der venezianischen Gesellschaft ausgeschlossen weiß, dem sein Besitz und seine Tochter Halt in einer ihm feindlich gesonnenen Unwelt geben. Wie tief der Verlust seiner Tochter Jessica ihn innerlich trifft, machen seine ersten Sätze **nach ihrer Flucht** deutlich: „Ihr wusstet, niemand besser, niemand besser als Ihr, um meiner Tochter Flucht" (III, 1, S. 42, Z. 28 f.) – es ist das hilflos wirkende **Stammeln eines gequälten Vaters**, der nach Worten sucht, nicht wirklich begreift, was ihm widerfahren ist; die Wiederholung „... mein Fleisch und Blut" (S. 43, Z. 39 f.) zeigt, dass das Geschehene für ihn unfassbar ist – ein innerlich gebrochener Mann steht vor uns, keines klaren Gedankens fähig. Er klammert sich an das, was ihm geblieben ist, den Vertrag mit Antonio. Seine Sprache enthüllt seine Gefühlslage, der Gedanke, die Macht zu nutzen, die er über Antonio hat, ergreift von ihm immer stärker Besitz: Dreimal wiederholt er im Laufe von vier Zeilen stereotyp, „er sehe sich vor mit seinem Schein" (III, 1, S. 43, Z. 34 f.), bis uns die Worte: „Fisch zu ködern" (III, 1, S. 43, Z. 60) in ihrer unvorstellbaren Unmenschlichkeit wie ein Hammerschlag treffen. In dem nun folgenden Monolog gelingt es Shylock durch den Aufbau seiner Ausführungen und die angeführten Beispiele, unseren Schock zu mildern, Verständnis für seine Lage zu erwecken. Shylocks Rede wirkt emotional gezügelt, es zeigt sich ein ausgewogener, paralleler Satzbau, der auf einen gedanklichen und sprachlichen Höhepunkt hinsteuert: „Und was hat er für Grund? Ich bin ein Jude." (III, 1, S. 43, Z. 65 f.) Er wendet sich nicht nur an die beiden Venezianer, sondern direkt an uns, macht uns zu seinen Vertrauten. Seine rhetorischen Fragen binden uns in seine Argumentationskette ein, haben phatische (kontaktknüpfende und -erhaltende) Funktion. Shylock versucht, sich aus seiner Isolation zu befreien, entwertet jedoch selbst diesen Versuch, indem er nicht zum Verfechter eines allumfassenden Toleranzgedankens wird – seine Schlussfolgerung aus dem ihm und seinem Volk angetanen Unrecht gipfelt in der viermaligen

Shylocks Rede wirkt emotional gezügelt

Wiederholung des Wortes „Rache". Der Gedanke an Rache erfüllt ihn derartig, dass er **im Gespräch mit Tubal** von diesem nach Belieben manipuliert werden kann. Er unterbricht ihn ständig durch Ausrufe: „Was, was, was? Ein Unglück? ein Unglück?" (III, 1, S. 45, Z. 111), wiederholt sich, reagiert geradezu ekstatisch auf Tubals Informationen: „Gott sei gedankt! Gott sei gedankt! Ist es wahr? ist es wahr?" (III, 1, S. 45, Z. 114 f.). **Erregte asyndetische Reihungen** werden gefolgt von Fragepronomina, gipfeln in Freudenausbrüchen und finster-entschlossenen Racheschwüren: „Gute Zeitung, gute Zeitung! – Wo? in Genua?" (III, 1, S. 45, Z. 118 f.), „Das freut mich sehr! ich will ihn peinigen, ich will ihn martern: das freut mich!" (III, 1, S. 45, Z. 128 f.). Die ständigen Wiederholungen in Satzbau und Wortwahl (III, 3, S. 56, V. 4 ff.) kennzeichnen seinen Fanatismus, seine grausam-rachsüchtige Einstellung. „Ich will den Schein": Dieser Satz klingt uns im Ohr, lässt Antonios Tod unvermeidlich erscheinen.

In der Gerichtsszene sind für Shylocks Sprache die **Vergleiche mit niederen Tieren** charakteristisch; gemeine, obszöne Bilder finden sich (IV, 1, S. 64, V. 40 ff.) – in Shakespeares Dramen oft Kennzeichen von Grausamkeit, Heimtücke, fehlender Menschlichkeit.

Für Shakespeares Gesamtbild von Shylock, für die Ambivalenz seiner Person sind seine wenigen Worte nach der Verkündigung des Urteils aufschlussreich – zunächst verraten sie ungläubiges Staunen: „Ist das Gesetz?" (IV, 1, S. 72, V. 316), dann tiefe Niedergeschlagenheit, Resignation: „Ich bin's zufrieden. ... Ich bin nicht wohl" (IV, 1, S. 74, V. 396) – in diesem Moment ist ihm unser Mitgefühl sicher.

2.7 Interpretationsansätze

Kaum eine Figur im Shakespeare'schen Drama ist von den Kommentatoren so unterschiedlich interpretiert worden wie Shylock im *Kaufmann von Venedig*. Das Stück weist Merkmale des Märchenspiels auf, aber die Gestalt des Shylock hat in ihrer Komplexität Tragödienformat.

1) **Hierauf weist bereits Heinrich Heine hin: 1814 wohnte er in London einer Aufführung des Stückes mit dem berühmten Schauspieler Edmund Kean bei.**

„Als ich dieses Stück in Drury Lane aufführen sah, stand hinter mir in der Loge eine schöne blasse Britin, welche am Ende des vierten Aktes heftig weinte und mehrmals ausrief: 'The poor man is wronged!' (‚Dem armen Mann geschieht Unrecht!') Wenn ich aber an jene Tränen denke, so muss ich den ‚Kaufmann von Venedig' zu den Tragödien rechnen, obgleich der Rahmen des Stückes von den heitersten Masken, Satyrbildern und Amoretten verziert ist und auch der Dichter eigentlich ein Lustspiel geben wollte. Shakespeare hegte vielleicht die Absicht, zur Ergötzung des großen Haufens einen gedrillten Werwolf darzustellen, ein verhasstes Fabelgeschöpf, das nach Blut lechzt und dabei seine Tochter und seine Dukaten einbüßt und obendrein verspottet wird. Aber der Genius des Dichters, der Weltgeist, der in ihm waltet, steht immer höher als sein Privatwille, und so geschah es, dass er in Shylock trotz der grellen Fratzenhaftigkeit die Justifikation einer unglücklichen Sekte aussprach, welche von der Vorsehung aus geheimnisvollen Gründen mit dem Hass des niedern und vornehmen Pöbels belastet worden und diesen Hass nicht immer mit Liebe vergelten wollte.“[9]

9 Heinrich Heine: *Shakespeares Mädchen und Frauen*. In: Heines Werke, Bd. II, Salzburg 1985, S. 545.

2) **Für Hans Mayer ist Shylock als gläubiger Jude der Außenseiter in einer frühkapitalistischen christlichen Gesellschaft.**

„Dennoch überrascht eine Fülle der individuellen wie nationalen Züge an diesem wohlhabenden Juden und Wucherer von Venedig. Er ist glaubensstolz, Verächter der Christen und ihres Glaubens. Den Antonio hasst er als Christen und venezianischen Kaufmann, der 'lends out money gratis'. Jessicas Vater hat Umgang mit anderen Juden in Venedig, will ihrer nicht unwert sein. Seine berühmte Klage der geschundenen jüdischen Nation vor dem Nichtstuer und Parasiten Salarino (III, 1) ist weder macchiavellistisch noch egonzentriert: Sie ist gemeinjüdische Lamentation. Der Hass auf Antonio ist stellvertretender Hass. 'He hates our sacred nation' oder 'Cursed be my tribe if I forgive him'. Er hat, der Witwer, die verstorbene Lea geliebt und hielt ihren Türkisring, den die Tochter stahl, um ihn gegen einen Affen einzutauschen, gefühlvoll in Ehren. Dass er Jessica liebte, die des gekränkten und habgierigen Vaters Haus als ‚Hölle' empfindet, ist offenbar. Flucht und Verrat der Tochter erst lassen das Denkspiel des sonderbaren Vertrags mit Antonio, den singulären Inhalt des ‚Scheins', als reale Möglichkeit aufscheinen: nun auf einmal Rache für alles zu nehmen. Der in monströser Weise von der Gesellschaft bespuckte und geprügelte und geprellte Außenseiter verwandelt sich in ein Monstrum ‚an und für sich'. Dadurch vollzieht sich eine fast unvermutete Transformation: Bisher war der Jude und Wucherer von der Rialtobrücke fast ein jüdischer Jedermann. Nun wird er das singuläre Monstrum. Er wird Shylock."[10]

3) **Die Prozessszene nimmt in den Interpretationen bedeutender deutscher Juristen einen breiten Raum ein, wobei z. B. Rudolf von Ihering und Josef Kohler bei ihrer Analyse zu völlig unterschiedlichen Beurteilungen kommen.**

---

10 Hans Mayer: *Außenseiter*. Frankfurt am Main 1975, S. 322 ff.

So schreibt Rudolf von Ihering:

„Wenn [Shylock] verfolgt von bitterem Hohn, geknickt, gebrochen, mit schlotternden Knien dahinwankt, wer kann sich des Gefühls erwehren, dass in ihm das Recht Venedigs gebeugt worden ist, dass es nicht der Jude Shylock ist, der von dannen schleicht, sondern die typische Figur des Juden in Mittelalter, jenes Parias der Gesellschaft, der vergebens nach Recht schrie? Die gewaltige Tragik seines Schicksals beruht nicht darauf, dass ihm das Recht versagt wird, sondern darauf, dass er, ein Jude des Mittelalters, den Glauben an das Recht hat …, bis dann wie ein Donnerschlag die Katastrophe über ihn hereinbricht, die ihn aus seinem Wahn reißt und ihn belehrt, dass er nichts ist als der geächtete Jude des Mittelalters, dem man sein Recht gibt, indem man ihn darum betrügt."[11]

Josef Kohler sieht in Porzias Urteilsspruch

„[den] Sieg des geläuterten Rechtsbewusstseins über die finstere Nacht, welche auf dem seitherigen Rechtszustande lastete: Es ist der Sieg, der sich hinter Scheingründen verdeckt, der die Larve falscher Motivierung annimmt, weil sie notwendig ist; aber es ist ein Sieg, ein großer, ein gewaltiger Sieg: ein Sieg nicht etwa bloß in dem einzelnen Prozess, es ist ein Sieg in der Rechtsgeschichte überhaupt: Es ist die Sonne des Fortschrittes, die wieder einmal ihre erwärmenden Strahlen in die Gerichtsstätte geworfen hat, und das Reich Sarastros triumphiert über die Mächte der Nacht."[12]

4) **Friedmar Apel interpretiert das Stück und die Figur des Shylock vor dem Hintergrund des zur Zeit Elisabeths immer stärker werdenden Einflusses der Puritaner.**

„Wenn aber etwas gegen Ende des 16. Jahrhunderts in England die eben wieder ausbalancierte Ordnung von Religion, Staat und Gesellschaft in Frage stellte, so war es, jedenfalls aus der Sicht des Adels und des privilegierten königstreuen und adeligen Werten nacheifernden Bürgertums, der puritanische Rigorismus. Und ein

11 In: Hermann Sinsheimer: *Shylock: Die Geschichte einer Figur*, S. 138 f.
12 Ebd.

Bild dieses puritanischen Rigorismus gibt die Figur Shylocks ebenso gut oder sogar deutlicher ab als das einer jüdischen Existenz, sei's in Venedig, sei's in London. ... Shylocks Satz, Gewinn sei Segen, wenn man ihn nicht stehle (I, 3), scheint von ihm in der Tradition jüdischer Schriftdeutung entwickelt zu sein, gleichzeitig aber ist er Calvinismus reinsten Wassers. Ebenso wie die Juden verstand Calvin seine Gemeinde als erwähltes Volk. Während aber die jüdische Schriftdeutung daraus ein Erwerbsstreben nicht mit Notwendigkeit ableitete, spornte die Calvin'sche Lehre den Menschen zu unablässiger Tätigkeit an, aus deren Erfolg auf die Auserwähltheit geschlossen werden konnte."[13]

---

13 Friedmar Apel: *Juden, Puritaner und Theaterfeinde*. In: William Shakespeare: Der Kaufmann von Venedig, in der Übersetzung von Erich Fried, Verlag Wagenbach, Berlin 2002, S. 109–110.

3. Themen und Aufgaben

Der Aufgabenapparat besteht aus zwei Teilen: Die Aufgabenstellungen im **Text A** können nach genauer Lektüre des Stückes und unter Benutzung des vorliegenden Interpretationsbandes gelöst werden. Die Lösungsverweise beziehen sich dabei auf die Seiten der vorliegenden Erläuterung. **Teil B** verlangt von den Schülerinnen und Schülern mehr gedankliche Eigenständigkeit und Kreativität.

Teil A

	Lösungstipps:
1.2 Zeitgeschichtlicher Hintergrund	
1. Charakterisieren Sie Humanismus und Renaissance.	S. 11
2. Geben Sie einen kurzen Abriss der politischen Entwicklung Englands unter den Tudors.	S. 12–13
1.3 Angaben und Erläuterungen zu wesentlichen Werken	
1. Zeigen Sie die Entwicklung der Shakespeare'schen Komödie von der *Komödie der Irrungen* bis zu dem Stück *Verlorene Liebesmüh* auf.	S. 19–21
2. Welches Menschenbild tritt uns in den Dark Comedies entgegen?	S. 22
2.3 Aufbau	
Wie gelingt es Shakespeare, die Handlungsstränge des Dramas miteinander zu verknüpfen?	S. 35–36

2.4 Personenkonstellation und Charakteristiken

1. Beschreiben und analysieren Sie Antonios Auftreten in I, 1. — S. 42–44
2. Arbeiten Sie Antonios Entwicklung im Verlauf des Dramas heraus. — S. 44–48
3. Fassen Sie Porzias Verhalten während der Gerichtsverhandlung zusammen und nehmen Sie kritisch Stellung. — S. 59–60
4. Setzen Sie sich mit der Funktion Lanzelots im Rahmen der Gesamtkonzeption des Stückes auseinander. — S. 53–54

2.6 Stil und Sprache

1. Wie setzt Shylock in der 3. Szene des 1. Aktes Sprache ein – welche Ziele verfolgt er? — S. 78
2. Vergleichen Sie die drei Bewerber um Porzias Hand in Bezug auf Wortschatz und Diktion. — S. 76–77

Teil B

1. Bearbeiten Sie in Gruppen die angegebenen Zitathinweise unter folgenden Fragestellungen:

a) Fassen Sie die Ausführungen des Dogen, d. h. des vorsitzenden Richters, gegenüber Antonio und Shylock zusammen und bewerten Sie sie. (IV, 1, V. 1–34, S. 63–64)

b) In welchem Moment und aus welchen Motiven unterbricht der Doge die Sitzung? (IV, 1, V. 89–107, S. 65–66)

c) Wie wirkt das zufällige Erscheinen Porzias auf Sie? (IV, 1, V. 108–Z. 172, S. 66–68)
d) Nehmen Sie Stellung zu dem vom Dogen getroffenen Urteil und kommentieren Sie sein Verhalten nach Abschluss der Gerichtsverhandlung. (IV, 1, V. 371–410, S. 74–75)
Stellen Sie die Ergebnisse Ihrer Gruppenarbeit im Plenum zur Diskussion unter dem Gesichtspunkt, welchen Eindruck der Zuschauer/Leser vom Dogen gewinnt.

2. Welche Hinweise würden Sie als Regisseur dem Darsteller des Shylock in Bezug auf die Rollengestaltung geben?
3. Schildern Sie aus der Sicht Shylocks den Ablauf seines Treffens mit Bassanio.
4. Verfassen Sie ein „Aside" Antonios während seiner Verhandlung mit Shylock. Gehen Sie dabei auch auf die Vertragsbedingungen ein.
5. Verfassen Sie einen Brief Jessicas an ihre Freundin in Venedig, in dem sie von ihren Eindrücken und Erfahrungen in Belmont berichtet.
6. Schreiben Sie für die lokale Tageszeitung einen Artikel, in dem Sie auf die bevorstehende Schulaufführung des Dramas hinweisen.
7. Entwerfen Sie ein „Werbeplakat" für diese Aufführung.

4. Rezeptionsgeschichte

Die Bühnengeschichte des Stückes ist vor allem durch die unterschiedliche Interpretation Shylocks gekennzeichnet. **Richard Burbage und Will Kempe**, Shakespeares Zeitgenossen und die berühmtesten Schauspieler ihrer Zeit, betonten in ihrem Bestreben, Marlowes schurkischen Juden Barabas zu übertreffen, die Skrupellosigkeit und Mitleidslosigkeit Shylocks; in Anlehnung an den Vice aus den Moralitäten stellten sie den Juden mit rotem Bart und falscher Nase dar.

Nach langer Pause erschien das Stück in der Bearbeitung von **George Granville als *The Jew of Venice* 1701** auf der englischen Bühne. Der Figur des Shylock fehlte jede Ernsthaftigkeit; nachdenklich stimmende Szenen wie z. B. seine Verzweiflung über Jessicas Flucht wurden eliminiert. Eine wirkliche Interpretation diese Gestalt finden wir erst in der Mitte des 18. Jahrhunderts. **Charles Macklin** spielte ihn zum ersten Mal **1741**; er sah in ihm einen diabolischen Charakter, unterstrich seine Hinterhältigkeit. Seine Darstellung war von beklemmender Intensität und spiegelte alle Vorurteile gegen das Judentum wider.

Ein völlig neuer Interpretationsansatz zeigt sich zu Beginn des 19. Jahrhunderts, als **Edmund Kean 1814** im Drury Lane Theatre den Shylock in einer Weise spielte, die insbesondere die deutsche Bühnenrezeption dieser Gestalt stark beeinflusst hat. Im Mittelpunkt seiner Darstellung stand die 1. Szene des 3. Aktes mit Shylocks berühmtem Monolog. Die Kränkungen durch Solanio und Salarino sowie die in Keans Spiel sichtbar werdende tiefe Zuneigung Shylocks zu seiner Tochter Jessica müssen auch Heine beeindruckt haben (vgl. 2.7, S. 81).

Eine Kean vergleichbare Wirkung hatte in England offensichtlich nur **Henry Irving**, der die Rolle von 1879 bis 1905 über tausendmal verkörperte. Sein Shylock ist der Repräsentant einer ewig verfolgten Rasse – er reagiert mit Verachtung und Spott auf die ihm und seinem Volk angetanen Kränkungen. Irving fügte im

3. Akt eine stumme Szene hinzu, die den gedemütigten und von seiner Tochter verlassenen Shylock bei seiner Rückkehr nach Hause zeigte.
Die deutsche Bühnengeschichte des *Kaufmanns von Venedig* wird hier in erster Linie für die Zeit nach den schrecklichen Ereignissen des Holocaust behandelt. Zwei unterschiedliche Bearbeitungen aus dem 19. bzw. 20. Jahrhundert dürfen jedoch nicht unerwähnt bleiben. **Die Inszenierung auf der Meininger Illusionsbühne im letzten Viertel des 19. Jahrhunderts** vernachlässigte die Shylock-Handlung und betonte die komödien- und märchenhaften Elemente des Stückes. Ballettszenen, Pantomime, farbenfrohe Kostüme nahmen dem Drama seinen bedrückenden Charakter. Szenenumstellungen erfolgten in der Weise, dass die in Venedig spielenden Szenen den Rahmen für die Belmont-Handlung abgaben. Unter der Regie von **Max Reinhardt** erlebte das Stück am Deutschen Theater Berlin von 1905 bis in die dreißiger Jahre etwa 350 Aufführungen. Der durch die Drehbühne ermöglichte rasche Szenenwechsel verdeutlichte die Unterschiede zwischen den beiden Welten Venedig und Belmont. Albert Bassermann als Shylock verließ nach dem Gerichtsurteil die Bühne mit geballten Fäusten, innerlich ungebrochen. Zeugnis des **nationalsozialistischen Antisemitismus** legte die Inszenierung des Stückes am **Wiener Burgtheater** durch Lothar Müthel aus dem Jahre 1943 ab. Werner Krauß spielte den Shylock als durch und durch widerwärtige Person:

rassistische Interpretationen des Shylock

> *„Die Maske allein schon, das von grellrotem Haar- und Bartwuchs umrahmte blassrosa Gesicht mit den unstet pfiffigen Äuglein, der speckige Kaftan mit dem umgeschlagenen gelben Kulttuch ... die krallige Gestik der Hände, das gröhlende oder murmelnde Organ – dies alles eint sich zum pathologischen Bild des ostjüdischen Rassentyps mit der ganzen äußeren und inneren Unsauberkeit des Menschen bei Hervorhebung des Gefährlichen im Humorigen."*[14]

14 Joseph Wulf: *Theater und Film im Dritten Reich*, Reinbek bei Hamburg, 1966, S. 283.

Es ist die Erinnerung an derartige rassistische Interpretationen des Shylock, die den Autor und Kritiker Rolf Hochhuth sowie den Regisseur Heinz Hilpert bewogen, von einer Aufführung des Stückes abzuraten bzw. abzusehen.
Mit **Ernst Deutsch als Shylock** beginnt im Nachkriegsdeutschland eine Reihe bemerkenswerter Inszenierungen, u. a. durch Karlheinz Stroux am Düsseldorfer Theater 1957. Stroux gelang es bei dieser Aufführung, mit dem Ausspielen der Kästchenszene die märchenhafte Welt Belmonts als Gegengewicht zu der bedrückenden Shylock-Handlung zu betonen; Shylock verlässt die Bühne als gebrochener, leidender Mann, wankend, tastend, mit verhülltem Haupt.
Sicherlich ein Meilenstein in der Rezeption des *Kaufmanns von Venedig* ist die **Fernsehfassung** des Stückes von 1969 mit **Fritz Kortner** in der Rolle des Shylock. Kortner, der 1933 mit Beginn der Nazidiktatur Deutschland verließ, hatte am eigenen Leibe Missachtung und Diskriminierung erfahren. In seinen Lebenserinnerungen schreibt er: „Ich brannte darauf, ein Shylock zu sein, der, von der christlichen Umwelt unmenschlich behandelt, in Unmenschlichkeit ausartet."[15] Kortners Shylock strahlt Würde aus, sein äußeres Erscheinungsbild mit Kaftan und Gebetskäppchen, Ausdruck seiner tiefen Religiosität, seine väterliche Güte finden unsere Sympathie. Wenn er den Antisemitismus der Venezianer anprangert, so spürt jeder Zuschauer, dass hier ein Mensch spricht, dessen eigene Lebenserfahrung die Grundlage seiner Argumentation bildet. Sein stummer Abgang am Ende der Gerichtsszene machen, ebenso wie das Schlussbild der weinenden Jessica, die gesellschaftliche Ablehnung und Diskriminierung durch die venezianische Oberschicht deutlich.
Peter Zadeks Inszenierung von 1988 am Wiener Burgtheater zeigt den Versuch, der Figur des Shylock ihre bedrückende Andersartigkeit zu nehmen, indem er sie in das Geflecht der Venezianer einbindet. Wie sie tritt auch er als Börsenmakler im schwarzen Anzug auf, mit Aktentasche und Handy unter dem Arm. Seine Niederlage erscheint als die eines modernen Geschäftsmannes,

15 Zitiert nach: Franz Wille, *Shakespeare oder nicht*. In: Theater heute, 6/95, S. 19.

der seinen wirtschaftlichen Ruin ohne sichtbare Gefühlsregung akzeptiert – es ist nicht die Erniedrigung des ewig gedemütigten Juden.

Für den **israelischen Regisseur Hanan Snir** ist *Der Kaufmann von Venedig* ein antisemitisches Stück. Diese Überzeugung ist Grundlage seiner Inszenierung am Deutschen Nationaltheater Weimar aus Anlass der Feiern zum 50. Jahrestag der Befreiung des Konzentrationslagers Buchenwald. Der zur Inszenierung gehörende Rahmen könnte antisemitischer nicht sein: Die SS-Offiziere eines KZ lassen das Stück von jüdischen Häftlingen zu ihrer Unterhaltung aufführen Die für Snir unleugbare antisemitische Gewalt macht er gleich zu Beginn in einem besonderen Regieeinfall sichtbar: Die drei Juden des Stückes, Shylock, Tubal und Jessica, müssen zunächst eine vorgetäuschte Erschießung über sich ergehen lassen und werden, wenn sie sich weigern, immer mit Waffengewalt zum Spielen gezwungen. Nachdem am Ende Jessica von SS-Leuten vergewaltigt worden ist und daraufhin, ebenso wie ihr Vater, in einer Benzintonne ersäuft wurde, verlängert der Regisseur das Stück in die Gegenwart: Fünfzig Jahre nach dem Ende der Aufführung kommen Shylock und Jessica an den Ort ihres Leidens zurück, gehen umher, sehen sich um – Skepsis und Verständnislosigkeit zeigen sich in ihren Gesichtern.

Neuere Theaterrezeptionen sind teilweise deshalb besonders interessant, als versucht wird, Techniken des Films in die Bühnenaufführung zu integrieren, mit der Gefahr, dass der technische Aufwand die schauspielerische Leistung in den Hintergrund drängt, wie in Peter Sellars **Inszenierung am Hamburger Thalia-Theater (1995).** Das ständige Hin- und Herschieben der Kameras, das Sprechen in Mikrofone, die Verstärkung der Dialoge durch Lautsprecher, die Projektion von gefühlsbewegten Gesichtern in Nahaufnahme auf überall verteilte Bildschirme lenkten Zuschauer und Schauspieler vom eigentlichen dramatischen Ablauf ab.

Der Überblick über die Theaterrezeption mit völlig unterschiedlichen Interpretationsansätzen verdeutlicht die Vielschichtigkeit und gedankliche Tiefe dieses Shakespeare'schen Dramas.

5. Materialien

Die zwei folgenden Textauszüge haben die Bochumer Aufführung des Stückes (1973) in der Inszenierung von Peter Zadek zum Inhalt.

Karasek, Hellmuth: *Zadeks einsamer Antonio*

„Peter Zadeks Bochumer Inszenierung (es ist das dritte Mal, dass sich der Regisseur mit dieser Komödie auseinander setzt) hat mir zum ersten Mal die Figur des Kaufmanns, des Antonio, klargemacht. Zadek hat sie mit Günter Lüders besetzt, und Lüders setzt für seinen Antonio eine zwar steife, aber anrührende Einsamkeit ein: Man begreift, dass dieser Mann im Geldverleihen an seinen Freund zumindest unbewusst etwas erwerben will, nämlich eine tiefer sitzende Freundschaft. Sehr schön nimmt Zadeks Inszenierung am Ende ihren Anfang wieder auf. Das Stück, das mit der scheinbar grundlosen Trauer des Antonio beginnt, endet mit einer eher begründeten Traurigkeit. Zwar haben alle an Porzias Hof den geretteten Kaufmann gebührend gefeiert, dann aber haben sie ihn über ihrer Hochzeitsnacht schnell vergessen und wieder stehen lassen. Man begreift, dass die anderen für ihn – jedenfalls in seinen Augen – nur ein aufmunterndes Schulterklopfen übrig haben.“[16]

Lewy, Hermann: *Ein antisemitisches Plakat und ein schockierender Shylock*

„Vor dem Betreten des Bochumer Schauspielhauses, in dem der ‚Kaufmann von Venedig' angekündigt ist, reibt man sich die Augen – man glaubt, ihnen nicht trauen zu dürfen. ... Zwei überlebensgroße Figuren sind über den Eingangstüren des Theaters zu erblicken:
Shylock, wie er dabei ist, mit einem Messer auf Antonio einzustechen, um sich des Pfundes Fleisch zu bemächtigen, das ihm verpfändet wur-

---

16 Ruth Freifrau von Ledebur: *The Merchant of Venice: Drama – Bühnengeschichte – Theaterrezension.* S. 878.

de. Die bildhafte Darstellung des Juden, die, wie Peter Zadek sich geäußert haben soll, zum Nachdenken anregen sollte, ist aufs Schärfste zu verurteilen. Unter den Menschen, die den Vorplatz des Theaters passieren, befinden sich ja nicht nur Shakespeare-Experten, sondern auch Jugendliche und kleine Kinder, die das Bild in sich aufnehmen und, da sie kaum Gelegenheit haben, Juden kennen zu lernen, nun notgedrungen meinen müssen, s o *und nicht anders sieht der Jude aus,* s o *und nicht anders ist er! Da ist der Jude, wie er auf einen in Heldenpose dargestellten Christen einsticht, ihm nach dem Leben trachtet. … Wer zeit seines Lebens für Versöhnung und Toleranz gewesen ist, erhält eine Ohrfeige. Zwar wird ihn das Plakat nicht wankend machen. Aber ihn wird es bestimmt zum Nachdenken anregen und zu der Überzeugung zwingen, dass die für dieses Plakat Verantwortlichen (und dies kann nicht nur Regisseur Zadek allein sein!) dem nachbarlichen Zusammenleben von Juden mit ihren Verfolgern von einst in der Bundesrepublik ein Hindernis in den Weg gestellt haben."*[17]

17 Ebd., S. 881

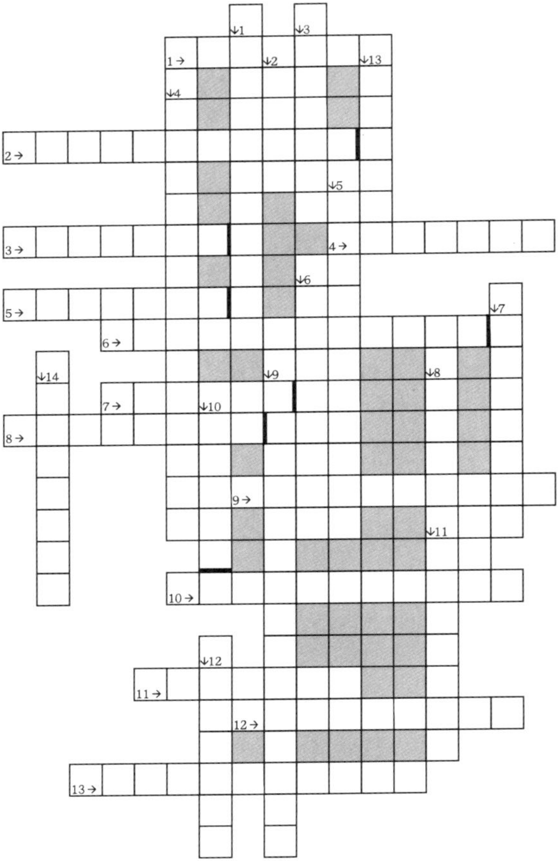
↓1
↓3
1 →
↓2
↓13
↓4
2 →
↓5
3 →
4 →
↓6
5 →
↓7
6 →
↓14
↓9
↓8
7 →
↓10
8 →
9 →
↓11
10 →
↓12
11 →
12 →
13 →

Erklärungen zum Kreuzworträtsel

Senkrecht:	1. die wichtigsten Augenblicke	11 Buchstaben
	2. wörtlich angeführte Stelle aus einem Buch	5 Buchstaben
	3. wird zwischen Antonio u. Shylock geschlossen	7 Buchstaben
	4. Herabsetzung, Herabwürdigung	15 Buchstaben
	5. verbale Beleidigung	12 Buchstaben
	6. Meinung ohne Kenntnis o. Prüfung der Tatsachen	9 Buchstaben
	7. friedliches Zusammenleben, Eintracht	8 Buchstaben
	8. Gefühl tiefer Zuneigung	5 Buchstaben
	9. informiert lediglich das Publikum, nicht die Mitspieler auf der Bühne	16 Buchstaben
	10. borgen	6 Buchstaben
	11. lauscht aufmerksam den Worten eines anderen	8 Buchstaben
	12. dient dazu, einem anderen Furcht einzuflößen	7 Buchstaben
	13. Antonios Gegenspieler	7 Buchstaben
	14. Antonios Beruf	8 Buchstaben
Waagerecht:	1. Gerichtsverfahren	7 Buchstaben
	2. herausragender englischer Dichter	11 Buchstaben
	3. Schauplatz zweier Dramen dieses Dichters	7 Buchstaben
	4. Aufsehen erregendes Ärgernis	7 Buchstaben
	5. Mitgefühl	7 Buchstaben
	6. widerfährt Shylock im Verlauf des Prozesses	12 Buchstaben
	7. benutzte Shakespeare für seine Dramen	6 Buchstaben
	8. leiht Geld gegen überhöhte Zinsen aus	8 Buchstaben
	9. Gegenteil von „freundschaftlich"	10 Buchstaben
	10. entscheidenden Einfluss ausüben	11 Buchstaben
	11. wird zwischen Antonio und Shylock geschlossen	7 Buchstaben
	12. Unterhaltung zwischen mehreren Personen	9 Buchstaben
	13. sollte man nach der Lektüre des Dramas besuchen	10 Buchstaben

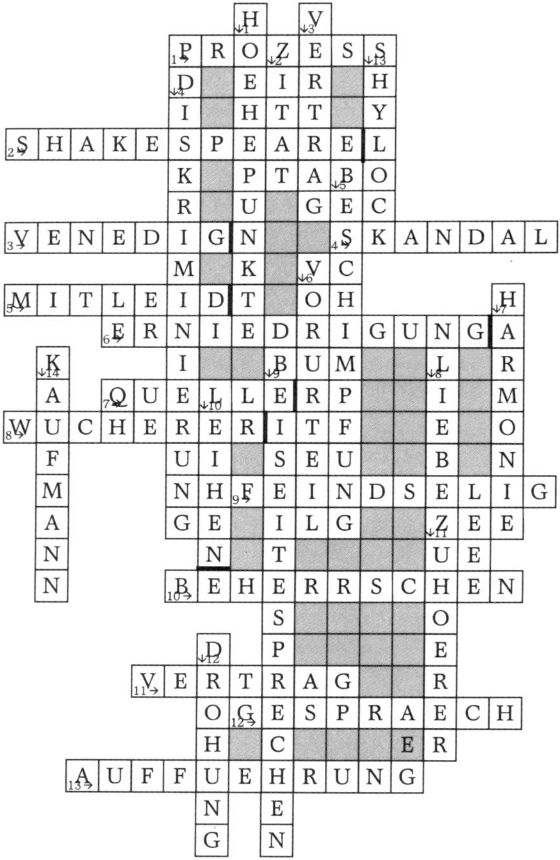

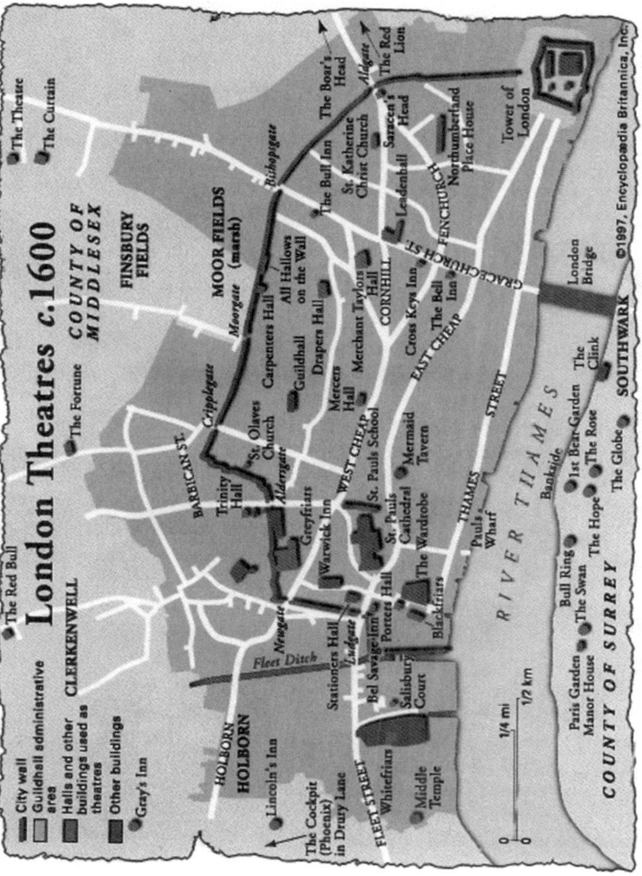
London Theatres c.1600
City wall
Guildhall administrative area
Halls and other buildings used as theatres
Other buildings
The Red Bull
CLERKENWELL
COUNTY OF MIDDLESEX
FINSBURY FIELDS
MOOR FIELDS (marsh)
The Fortune
The Theatre
The Curtain
Gray's Inn
Lincoln's Inn
The Cockpit (Phoenix) in Drury Lane
HOLBORN
HOLBORN
FLEET STREET
Whitefriars
Middle Temple
Salisbury Court
Bel Savage Inn
Stationers Hall
Ludgate
Fleet Ditch
Newgate
Porters Hall
Blackfriars
The Wardrobe
St. Pauls Cathedral
St. Pauls School
Warwick Inn
Greyfriars
Aldersgate
Trinity Hall
BARBICAN ST.
Cripplegate
St. Olaves Church
WEST CHEAP
Mermaid Tavern
Mercers Hall
Guildhall
Drapers Hall
Merchant Taylors Hall
Carpenters Hall
Moorgate
All Hallows on the Wall
Bishopsgate
The Bull Inn
St. Katherine Christ Church
Leadenhall
CORNHILL
Cross Keys Inn
The Bell Inn
EAST CHEAP
GRACECHURCH ST.
FENCHURCH
Northumberland Place House
Saracen's Head
The Boar's Head
Aldgate
The Red Lion
Tower of London
THAMES STREET
Pauls Wharf
RIVER THAMES
London Bridge
Bankside
1st Bear Garden
The Rose
The Globe
The Hope
Bull Ring
The Swan
Paris Garden Manor House
The Clink
SOUTHWARK
COUNTY OF SURREY
1/4 mi
1/2 km
©1997, Encyclopædia Britannica, Inc.

The Globe's Stage Seen from the North-east
Aus: Vera K. G. Dale: *Shakespeare and the Age that made him.* Klett Verlag, Stuttgart 1980, S. 22

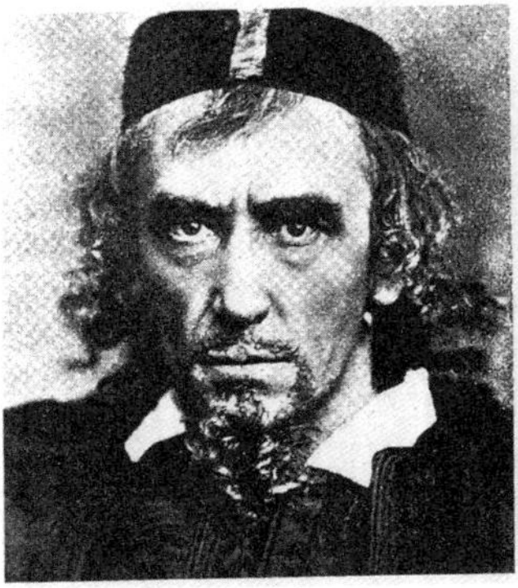

Shylock-Köpfe: Henry Irving, 1897 (links), Fritz Kortner, 1969 (rechts). Aus Suerbaum, S. 101

CHARLES MACKLIN as SHYLOCK
Hiram Stead Collection
of the New York Public Library

Shakespeare's School. A Brief history of the Grammar School Stratford-upon-Avon. Despite its famous associations with William Shakespeare and the impression given by its present name, the origins of King Edward VI Grammar School in Stratford-upon-Avon, and the half-timbered buildings that it presently occupies, can be traced back far beyond the sixteenth century to the foundation of a medieval guild. Stratford-upon-Avon Homepage.

William Shakespeare's Birthplace
Aus: Vera K. G. Dale: *Shakespeare and the Age that made him.* Klett Verlag, Stuttgart 1980, S. 10

Literatur

Aus der unüberschaubaren Fülle der Veröffentlichungen zu Shakespeare wurden bewusst nur wenige, aus unserer Sicht auch für Schülerinnen und Schüler interessante Publikationen ausgewählt. Mit einem Kurzkommentar versehene Werke erscheinen uns für ein erstes Kennenlernen dieses herausragenden Dichters als besonders geeignet.

1. Ausgaben

William Shakespeare: *Der Kaufmann von Venedig.* Stuttgart: Reclam, 2002.
(Nach dieser Ausgabe wird zitiert.)
Brown, John Russell (Hg.): *The Merchant of Venice.* London, 1961. (New Arden Shakespeare, general eds. Una Ellis-Fermor, Harold F. Brooks, Harold Jenkins. London 1951–1982).
(Sehr zu empfehlende wissenschaftliche Studienausgabe mit Anmerkungsapparat, Einleitung, Ausführungen zur Bühnengeschichte.)
William Shakespeare: *The Merchant of Venice/Der Kaufmann von Venedig.* Übers., komm. u. ed. v. Barbara Puschmann-Nalenz. Stuttgart: Reclam, 2002.
(Prosaübersetzung mit sehr gutem Anmerkungsapparat. Das Nachwort enthält eine knappe Analyse des Dramas und gibt Hinweise auf die Quellen.)

2. Sekundärliteratur

a) Publikationen zu unterschiedlichen Aspekten

Baumann, Uwe: *Shakespeare und seine Zeit.* Stuttgart, 1998.
Brennan, Anthony: *Shakespeare's Dramatic Structures.* London, 1988.

Chambers, E. K.: *William Shakespeare: A Study of Facts and Problems*, 2 Bde. Oxford, 1930.
Clemen, Wolfgang: *The Development of Shakespeare's Imagery*. London, 1951.
(Unverzichtbares Standardwerk. Clemen untersucht die Bildersprache Shakespeares in ihrem dramatischen Zusammenhang und geht auf die vorausdeutende Funktion der Bilder ein.)
Ehrl, Charlotte: *Sprachstil und Charakter bei Shakespeare*. Heidelberg, 1957.
Kott, Jan: *Shakespeare heute*. München, 1964.
Suerbaum, Ulrich: *Der Shakespeare-Führer*. Stuttgart: Reclam, 2001.
(Gibt einen guten Gesamtüberblick über das Theater zur Zeit Shakespeares. Alle Dramen werden kurz interpretiert im Hinblick auf Handlungsablauf, Charakter, Quellen, Rezeptionsgeschichte.)
Tillyard, E. M. W.: *The Elizabethan World Picture*. London, [9]1960.

b) Publikationen zu den Komödien und dem *Kaufmann von Venedig*

Apel, Friedmar: *Juden, Puritaner und Theaterfeinde*. In: William Shakespeare: Der Kaufmann von Venedig, in der Übersetzung von E. Fried. Berlin, 2002.
Barnet, Sylvan (Hg.): *Twentieth Century Interpretations of 'The Merchant of Venice'. A Collection of Critical Essays*. Englewood Cliffs, 1970.
Bradbrook, M. C.: *The Growth and Structure of Elizabethan Comedy*. London, 1955.
Brennan, Anthony: *Shakespeare's Dramatic Structures*. London, 1988.
Cohen, Derek: *Shakespearean Motives*. London, 1988.
Danson, Lawrence: *The Harmonies of 'The Merchant of Venice'*. New Haven, 1978.
(Weist auf die Ambivalenzen im Stück hin – Antonios Entwicklung im Verlauf des Dramas wird gut herausgearbeitet.)

Heine, Heinrich: *Shakespeares Mädchen und Frauen* In: Heines Werke, Bd. II, Salzburg, 1985.

Ledebur, Ruth Freifrau von: *The Merchant of Venice: Drama – Bühnengeschichte – Theaterrezension.* In: Rüdiger Ahrens (Hg.): William Shakespeare: Didaktisches Handbuch. Bd. III. München: Fink, 1982, S. 851–883.

Mayer, Hans: *Außenseiter*. Frankfurt am Main, 1975.
(Betont die Außenseiterrolle Shylocks innerhalb der venezianischen Gesellschaft. Auch deshalb interessant, weil der Vergleich mit Lessings Drama ‚Nathan der Weise' neue Einsichten in dieses Drama vermittelt.)

Schülting, Sabine: *The Merchant of Venice. Shylock geht – und immer kehrt er wieder.* In: Interpretationen: Shakespeares Dramen. Stuttgart: Reclam, 2000, S. 129–155.

Sinsheimer, Hermann: *Shylock: Die Geschichte einer Figur.* München: Ner-Tamid-Verlag, 1960.

c) Schülerhilfen

Alexander, Michael/Mary: *The Merchant of Venice.* London: York Press, 2002.
(Die bewährte York Notes Reihe bietet dem Leser eine übersichtlich gestaltete Interpretation mit guter Hintergrundinformation.)

Lott, Bernard (Hg.): *The Merchant of Venice.* London: Longman, [2]1964.
(New Swan Shakespeare: Gut geeignete Schulausgabe. Einsprachige Erläuterungen, Einleitung zum Elisabethanischen Theater, zu den Quellen, zur Handlung und den Charakteren.)

Shakespeare im Internet

Den besten Einstieg in Leben, Werk, Kritik usw. gibt die *Deutsche Shakespearegesellschaft* mit ihrer Website (www.shakespeare-gesellschaft.de). Unter der Rubrik *Shakespeare-Links im Internet* (ed. Christa Jansohn) erhält man Zugang zu Suchmaschinen und Metasites.